発達障害児の
キャリア形成と
授業づくり・学級づくり

湯浅恭正・吉田茂孝・新井英靖・高橋浩平・小川英彦・広瀬信雄 編

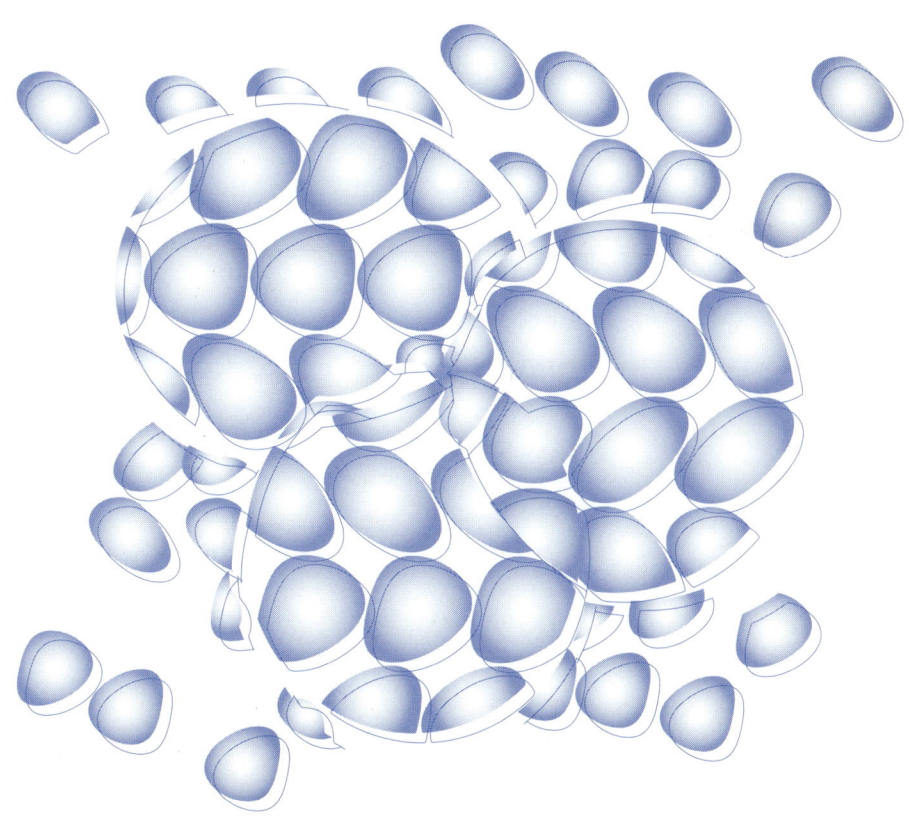

黎明書房

はじめに

　本書は，発達障害児を中心にして，思春期から青年期までを見通したキャリア形成の意義と支援のあり方を取り上げている。本書の特徴は以下にある。

　第一に，キャリア形成の意味を問い直していることである。障害児のキャリア形成というと，進路指導等が頭に浮かぶ。障害児の教育はこの分野について多くの実践の蓄積がある。それを踏まえながら本書では，キャリアを人生創造の過程として問い直し，主に高校段階の生徒に求められる指導のあり方を提起している。
　職業生活だけではなく，人生80年代の今，広く自分の生き方について考え，どのような人生を送るのか，その展望を考えることによって自分らしいキャリアを意識できる生徒の育成が求められている。この課題を学校教育のテーマとして引き取り，何が取り組みの課題になるのかについて，理論と実践を通して示している。
　もちろん，キャリア形成といっても，障害に即した対応は不可欠な課題である。本書には，知的障害児や発達障害の生徒の事例を掲載している。姉妹編『自閉症児のコミュニケーション形成と授業づくり・学級づくり』の自閉症の指導論も併せてお読みいただき，さらに理解を深めてくだされば幸いである。

　第二に，本書ではキャリア形成の課題を授業づくりや学級づくり，そしてカリキュラム開発という教育実践の課題として正面から取り上げている。特別支援学校の高等部や通常の高等学校での実践事例には，青年期を展望した教科指導や生活指導の原則が示されている。
　進路指導・就労支援という具体的な課題とともに，キャリアを自覚するための土台になる認識の力や文化を創造する力，そしてともに人生を創造する仲間・集団の形成など，これからのキャリア形成に必要な実践の方向を考えることが今求められている。高校生にとって，なりたい自分の姿・像を意識し，教科や特別活動など，学校での指導の領域をつなぎながら自分の学びをつくることが必要だからである。
　授業づくり・学級づくりを軸にした本書からは，特別支援学校における高等部の指導を問い返し，また通常の高等学校の特別支援教育の実践的な課題を考えるための契機を見つけることができる。

　第三には，キャリア形成という課題に立って，幼児期からの指導を見通して問われている実践の課題を提起していることである。小学校と中学校，そして中学校と高等学校など，各

学校段階の連携やつながりとともに、キャリア形成という視点が特に求められる障害児の教育では、幼児期の育ちを踏まえ、さらに青年期まで見据えた指導の見通しを立てることが必要である。

　本書によって自我の発達や学力の形成を支え、他者とともに自分らしさをつくる視点など、キャリア形成を長いスパンからとらえる意義を考えることができる。姉妹編『気になる幼児の保育と遊び・生活づくり』は、幼児期の支援のあり方を取り上げている。この姉妹編も併せてお読みいただき、キャリア形成の土台にあたる時期を踏まえた指導のあり方の参考にしていただければ幸いである。

　以上、本書の特徴を示してきたが、特別支援教育の時代には、生徒のキャリア形成とともに、専門職としての私たち教師のキャリアの形成も問われている。本書のタイトルに「授業づくり・学級づくり」としたのは、生徒のキャリア形成を、学校における教師のキャリア形成という点から考えようとしたからである。生徒の学びをつくる中心としての授業づくり論、そしてそれを支える学級づくり論を確かなものにすることによって、学びの質を高め、職業的自立などに必要な精神的な自立の力を育てるキャリア形成を支援したいと考えたからである。

　そのためにも、私たち教師自身のキャリアアップが求められている。本書の理論と実践には、こうした教師のキャリア形成に資する素材が豊富に示されている。本書が先生方、そして教師を目指す学生の皆さんに広く活用されることを切に望むものである。

　なお、私たちは「キャリアアップ」を正面に据えた「特別支援教育キャリアアップシリーズ全3巻」（黎明書房）を刊行した。併せてお読みいただき、授業づくりとそれを支える学級づくりの実践と研究が、これからの特別支援教育の柱としていっそう充実することを期待してやまない。

編者を代表して
湯浅恭正

目　次

はじめに　1

理 論 編

第1章　新学習指導要領と青年期教育の課題　6

1　新しい学習指導要領と教育実践　6
2　青年期教育の課題とキャリア形成　9
3　青年期の学びをつくる教育実践の課題　11

第2章　生活指導・学級づくりを核としたキャリア形成の方法　17

1　はじめに　17
2　初等中等教育におけるキャリア教育　17
3　他者とつながること，社会とつながること＝キャリア形成のための指導のポイント　20
4　おわりに　25

第3章　幼児期から始めるキャリア形成　26

1　就労に必要なコミュニケーション能力とは　26
2　幼児期・学童期のキャリア形成　28
3　中学・高校のキャリア教育　30
4　二次的障害を示す発達障害児のキャリア形成　32

コラム①　こころを育てる性教育―性を肯定的に受けとめて―　34

実 践 編

第4章　教科学習を通して人と関係を築く力を育てよう　36

1　なぜ，「人と関係を築く力」が必要か　36
2　人との関係を築く力を育てる教育実践　37

第5章　自分を知り，成長するための授業づくり　44

1　仲間との信頼関係を支えに自分を知る　44
　　　2　自己評価を成長につなげる　49

第6章　自分づくりのための進路指導　57

　　　1　はじめに　57
　　　2　アツヤの成長　60
　　　3　アツヤの挫折　61
　　　4　介護福祉の道へ　63

コラム②　卒業後のアフターケア　68

トピックス

第7章　基礎学力の育成とキャリア形成　70

　　　1　基礎学力の育成とキャリア形成の課題　70
　　　2　豊かに生きるための基礎学力　71
　　　3　学習意欲の回復とキャリア形成　74
　　　4　他者と「つながる」ためのキャリア形成　75

第8章　高校生の就労支援をどのように展開するか　79

　　　1　自分を知るための進路学習　79
　　　2　やりがいと適性を知る校内実習　80
　　　3　社会とつながる現場実習　83

第9章　発達障害と進路指導　89

　　　1　はじめに　89
　　　2　高校でLD，ADHD，アスペルガー症候群等の生徒はどう活動しているのか　89
　　　3　彼らの進路実現はどうなったか　93
　　　4　現実と府の取り組みとの乖離　95
　　　5　彼らの進路実現に立ちはだかる障壁　95
　　　6　見えてきた新たな課題　97

おわりに　100

理論編

新学習指導要領と青年期教育の課題

1 新しい学習指導要領と教育実践

(1) 新学習指導要領の重点

　特別支援学校の新しい学習指導要領（以下，新指導要領）は，平成21年3月に公示された。この間，教育基本法の改正があり，それを踏まえて新指導要領が制定された。
　障害のある子どもの青年期教育の実践を考える上で，まず新指導要領と教育課程の特徴を整理してみたい。

○自立活動では，「障害に応じた困難」だけではなく，「障害による学習・生活上の困難」への対応を図ることが強調され，特に「人間関係の形成」という区分・領域が設けられた。そこでは，特別支援教育時代にふさわしく，発達障害の子どもに留意して，社会において人との関係を形成していく力をどう育てるかが強調されている。
○「道徳教育の充実」というのが教育基本法改正と教育課程改訂の趣旨である。障害のある子どもの思春期から青年期にかけて，社会生活に必要なモラルの形成が課題にされた。ここにも，高機能自閉症等の発達障害の子どもが示す問題行動への対処という視点が含まれている。
○特別支援学校高等部の卒業者の就労など，職業教育と進路指導の充実が課題にされた。特に，専門教科として「福祉」を新設した。こうした職業・進路指導では，キャリア教育が強調され，さらに就労に向けて関連機関と連携する必要性も指摘されている。

　以上の点に加えて，新指導要領では，交流・共同学習の推進を図り，社会の中で生きる障害児に必要な力とそれを支える周囲の者との関係をつくることが強調されている。総じて，新指導要領は，障害児の自立を社会との関係で問い返し，そのための課題を提起している。障害児の青年期教育は早くからこの視点を探究してきたが，今回の改訂では，初等教育の段階から強調しているのが特徴である。
　もちろん，2007年の特別支援教育の開始から強調されている「個のニーズ」に応じた「個別の指導計画」「個別の教育支援計画」の作成は，教育実践の要になっている。また，計画

(Plan）→実行（Do）→評価（Check）→改善（Action）という，いわゆるPDCAのサイクルを明確にして，目標の達成・成果（エビデンス）を目指す工夫が教育実践にはいっそう求められるようになった。

(2) 自立活動のとらえ方

　自立活動は，養護・訓練と呼ばれた時代から，コミュニケーションスキルの指導を強調した時代を経て，今回のように，自立するために必要な力を育てることに指導の力点が移ってきた。この背景には，国際生活機能分類（ICF）が提起しているように，単に障害のある子どもを社会に適応させるように追い立てる指導ではなく，環境因子に注目して，主体的な活動を営むことができる状況（環境）をつくることによって，自立の力を育て，自立した生活の主人公を育成しようとする理念がある。

　この理念に従えば，新指導要領における自立活動の指導は，単に社会に適応する力を身につけさせるというのではなく，自立した生活に思いを寄せ，主体として生活をつくり出すための授業をいかにして構想するかを問いかけていると考えられる。なお，これまで生活単元学習として展開してきた指導には，今回の自立活動の指導が強調している課題を意識してきたものが多い。青年期の教育課程において，自立活動と生活単元学習の関連を改めて問い直すことが必要である。

(3) 道徳性の育成と子ども観・指導観

　道徳性の育成は，どのように考えればよいのか。知的障害のある子どもの「反社会的行動」に対して，善悪の判断などの道徳性を育むことは，これまでも重要な課題であった。

　事例を挙げよう。保護者や教師が「悪いこと」だとしている反社会的な行為（掲示物をはがして破る・トイレットペーパーを巻き取り，詰まらせる・液体の洗剤をまき散らす……）を繰り返す特別支援学校中学部の生徒がいる。しかし，こうした行為をよく見ると，教師の目を盗んでしていることも多い。それは，その生徒なりに善悪の判断を意識しているのではないか。こうした行為をしてしまう自分の衝動を押さえるような表情を見せたりするのは，その生徒が自分の行為と向き合おうとしているのではないか。それは，道徳性の芽生えを感じさせるものでもある。

　もちろん，自閉症児の反社会的行為の裏には感覚刺激への特異な反応もあると予想されるが，先に述べたように，障害児は善悪の判断をしているのではと思われるような行為を示す。社会的に望ましくない行為を厳しくしつける形で道徳性の指導を考えるのか，それとも，衝動を抑えようとする子どもの行為の中に道徳性を指導する契機を発見するのかが，指導の分かれ目となる。

　「年齢の低い段階の教育では，甘えを許し，ていねいに子どもの願いに寄り添う指導も必要

だが，高校生にもなるときちっとした生活態度を身につけることが必要だ」という考え方は根強い。しかし，高校生こそ，反社会的な行為をしてしまう自分と，その衝動を抑えたいという自分との間で苦しんでいる。こうした気持ちを理解した上で，許し難い行為にはきちっと対処する指導が必要である。「高校生だから」という自覚と誇りを育むためにも，自立しようとする気持ちを支える指導が必要である。道徳性の育成に関わる私たちの子ども観・指導観を問い直すことが今，求められている。

(4) 職業・進路指導の充実

特別支援学校の生徒の就労は，一般就労の場合，およそ4人に1人という割合である。しかし，その後数年の間に離職を繰り返す生徒が多いのも事実である。専門教科「福祉」の新設は，介護等の福祉の場への就労支援を目指し，新しい職業の領域を開拓し，就労の実績を上げようとするものである。

こうした就労・進路の支援とキャリア教育に求められるのは，学校時代から職業意識や職業観を形成することである。新指導要領は，小学校からキャリア形成の必要性を強調している。

それを前提にしながら，キャリアを形成するためには，自分を見つめ，自分の人生のキャリアをどう見通すかという生活設計の視点が不可欠である。「障害のない人よりもハンディがあるのだからしっかりと人一倍努力して生活する力を学校では育てなくてはならない」といった声はまだよく聞かれる。

もちろん，障害のある子どもたちも自分で努力し，前向きに働き，生活を切り開くために苦労を背負うことは必要だ。ただ，そこにはこうした努力や苦労を引き受け，受け止める力を育てることが見落とされてはならない。自己を理解する力を形成するという教育の課題を探究しながら，それを職業意識の形成と結びつけることが特別支援学校のキャリア形成には求められよう。

人生のキャリアという点では，働く・職業の生活とともに，生活を支えている余暇の時間や仲間との交わりのある生活を視野に入れた生活設計の力を育てることも課題である。職業生活を障害のある人の生活全体から見つめ直すことによって職業指導には何が必要かがよりいっそう鮮明になるからである。

以上を踏まえて，次に青年期（本章では思春期も含めている）教育の課題とキャリア形成，生活と学びをつくる点から，これからの障害児の教育で何が焦点になるかを考えてみたい。

2 青年期教育の課題とキャリア形成

(1) 青年期と自分づくり

　思春期から青年期は,「第二の誕生」と言われているように,人の発達にとって大きな節目である。乳幼児期の基本的な自我の芽生え・形成を土台にして,しだいに自制心,そして自己を客観的に見つめる力,社会的自我が育てられる少年期を経て,新たな発達のステージに移行する時期だからである。

　青年期では,乳幼児期や少年期の自分づくりをさらに確かなものにし,若者の世界に挑んでいく力を育てることが課題である。それは,社会的な自我形成という,これまでの時期とは違った意味での自分づくりを目指し,社会に出ていく力,社会生活に移行する力を育てようとするものである。

　ところが今,若者の「社会へのでにくさ」が指摘されている[1]。そこでは,単に社会への適応能力が落ちているというのではなく,「共在感覚」の欠如が指摘され,社会に出ていくための土台でもある「他者とともに存在する感覚」をどう育てていくかが問われている。

　ここで言われている「共在感覚」は,自分づくりの過程で「もう一人の自分」を発見するときになくてはならないものである。自分を見つめ,今の自分と,「なってみたい」「なりたい」もう一人の自分と向き合う自立の力は,それに応答してくれる他者を支えにして形成されるものだからである。こうした自分づくりの課題を中心にした青年期教育をどう展望するかが問われている。

(2)「自分づくり」と「社会への適応」の間で

　障害のある生徒の青年期の課題には,社会に出ていくこと,社会への移行が大きなウエイトをしめるのだが,そのために,社会で必要なコミュニケーション・スキルの力を育てることに力が注がれてきた。

　しかし,大切なのは前項で指摘してきた「もう一人の自分」を発見するための場をどうつくるかである。思春期の高機能自閉症児の発達課題として,「素の自分を出せる居場所」の意義が指摘されている[2]。通常の学校で,同じような発達障害のある子どもが自然に交わり,気持ちを出すことのできる集団をどうつくるのかが問われている。自分づくりの土台である「共在感覚」を育てるためにも,居場所となる空間をどうつくり出すかが,思春期から青年期にかけての課題である。

　3節で詳しく検討するが,通常の高等学校だけではなく,発達障害の生徒を対象にした高校の教育,また特別支援学校の専攻科教育の試みも,青年期の課題である自分づくりや「共

在感覚」の形成を目指すものであり，居場所づくりが目標に据えられている。

また，通常の高校においても，「同一の課程」「同一の評価」というシステムの限界から，指導要領や高校教育制度の弾力化によって，障害のある高校生のニーズに応えることが求められている[3]。単に学力達成の視点からだけではなく，これまで指摘してきた青年期の課題に応えようとするからである。

一方，高校において，同じような発達課題をもつ生徒や学力の低い生徒によってつくられた集団によって，中学生の頃よりは孤立することは少なくなったが，「社会の中での自己認識の弱さ」「自己を俯瞰的に見る力の弱さ」が指摘されている[4]。また「一般就労を考えると，集団の中で生活習慣やルールなど，ある程度枠にはめた訓練」[5]の必要性も主張されてきている。

私たちは，青年期におけるこうした教育課題の複雑さから逃れることはできない。しかし，自分づくりと社会への適応とは二項対立的なものではない。両義的であるがゆえに，それを結ぶためには，子どもたちが学校において生活する基本的な場は確かかを問わなくてはならない。高校生の自立・学力・就労というリアルなニーズを見つめるからこそ，どう人生を過ごすのか，社会の中での自分を見つめ，認識できる場としての基礎的集団＝居場所が不可欠になる。

高校教育では，子どもたちにとっての基礎集団としてのＨＲが解体していく問題が指摘されているが[6]，青年期の特別支援教育においてもそれは同様の課題である。もちろん，一斉授業だけではなく，「少人数講座や場合によっては一対一の授業」[7]が求められる。しかし，こうした多元的な学びの場を保障すればそれだけ，高校生が自分を見つめるための基礎集団が必要になる。

（3） キャリアの形成に向けて

では，障害のある子どもたちの青年期教育として新指導要領が強調するキャリア形成に向けて何をポイントとして押さえておけばよいのだろうか。

「キャリア教育」という用語は，今から10年以上前の1999年・第17期中央教育審議会による「初等中等教育と高校教育の接続の改善について」という答申に見られる。その内容は，主に職業教育や進路指導とほぼ同じもので，特に新しい内容をもつというものではない。また2003年の若者の就労支援策として政府が提起した勤労観の育成もキャリア教育の柱である。

キャリア教育の内容として提起されているのが「人間関係形成能力」「情報活用能力」「将来設計能力」「意思決定能力」であり，キャリア発達が課題にされている。

ここで提起されている内容を教育学の課題として言い換えれば，障害のある子どもの自己決定の力をどう育てていくかである。自己決定に必要なのは，豊富な情報や体験をもち，そ

れを活用することである。将来設計には，生きていく上でどのような将来が待っているかの情報の共有が不可欠である。それは単に就労の情報のみならず，家族・結婚といった暮らしにかかわる情報も入る。

　意思決定能力には，自分に対する肯定的な理解が必要である。そこには少しくらい失敗しても気持ちを立て直すことのできる柔軟な力が不可欠になる。失敗を恐れず，積極的に周囲に働きかけていくには，学校時代に「ほどよく失敗する体験」がなくてはならない。そして，「こまったときやトラブルに出会ったとき，適切な手助け（ヘルプ）を自発的に発信できるかどうか」[8]といったように，自分にできることに自信をもちつつ，できないことをリアルに見つめ，周囲に支援を求めることができる力も意思決定の力として見逃してはならない。援助を求める力，それも広い意味での「情報活用能力」と言えるのではないか。

　こうしたキャリア形成に必要な力を支えているのは「人間関係」である。ヘルプを求める力，そこには相手との人間関係の形成が不可分である。先に自分づくりや居場所，基礎集団の意義を強調したのもそのためである。そして，意思決定の土台として指摘した自己への理解も高校生が将来への見通しをもつ重要な条件である。「意思決定能力と人間関係形成能力」を自己決定能力を形成する課題に位置づけてみたい。

　このような自己決定の力は，自立生活にとっての基本的な課題である。そしてキャリア形成には，①自己へのリアルな理解とともに，②就労などの客観的な条件の整備があるかないか，③キャリアを形成するための知識や技能の形成が十分かどうかが問われる。これら3つの条件がほどよく整うとき，はじめて自立の課題を達成することができる。いずれの1つでも不十分なとき，キャリアの形成には結びつかないからである。

　特に教育実践の課題である③については，就労のための技能だけではなく，自分がこれから働く社会を知る学習，そしてそれをボランティア体験を通していっそう自覚する学習等が求められている。「総合的な学習の時間」や特別活動の領域の指導を，キャリア形成という視点から問い直してみたい。

3　青年期の学びをつくる教育実践の課題

(1)　カリキュラムづくりの提起

　高校段階以降の特別支援教育を展望するには，まずカリキュラムづくりが課題になる。特別支援学校の高等部では早くから青年期の課題を意識したカリキュラムが構想されてきた。それを踏まえて高等部卒業以後の課程が「専攻科」教育として構想され，実施に移されてきている。

　たとえば，本書の第5章で述べられている見晴台学園では，図1-1のように，高校段階に

おける教育内容を押さえ、高校の専攻科のカリキュラムを構想している[9]。

このカリキュラム構想の柱は、「認識と表現」「生活と自治」である。ここには、教科を背景にした文化と生活をつくり出す自治という2つの領域を明確に意識したカリキュラムが示されている。

専攻科教育を推進している鳥取大学附属特別支援学校のカリキュラム（図1-2）においても、5領域を設定しているが、そこでも労働や暮らしに関わる学習とともに人間関係をつくり出し、自分たちの生活をつくる自治の指導が位置づけられている[10]。

この他、大阪・堺の「やしま専修学校」のカリキュラムにおいても、同様のカリキュラム構成が取られている[11]。

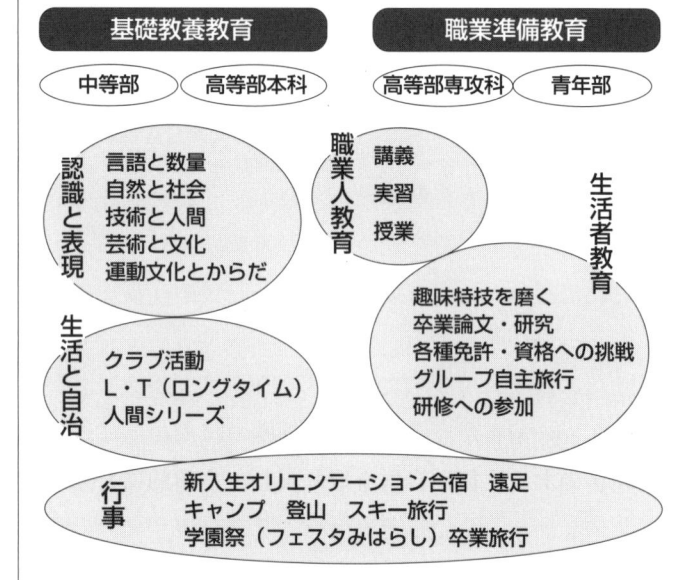

図1-1
（見晴台学園研究センター編『LD・ADHDが輝く授業づくり』クリエイツかもがわ、2004年、p.22）

時間＼曜日	月	火	水	木	金
	登校時間				
8：55〜9：30	くらし(健康)				くらし(健康)
9：30〜9：35	ミーティング				ミーティング
①9：35〜10：35 〈ティータイム〉 ②11：00〜12：00	くらし	労働	労働	くらし(食)	教養講座
12：00〜13：00	昼食・休憩				
③13：00〜14：00 〈小休憩〉 ④14：05〜15：05	研究ゼミ	くらし	余暇 清掃・ミーティング	余暇	くらし （労働）
15：05〜15：10	清掃・ミーティング		水曜クラブ	清掃・ミーティング	

図1-2　5領域の教育課程および週時程表（2006年度）
（渡部昭男『障がい青年の自分づくり』日本標準、2009年、p.35）

(2) 学び直し

　こうしたカリキュラムづくりを支えているのは，学びの問い直しである。何を，何のために学ぶのか，自分の文脈に学ぶことを位置づけようとする青年期だからこそ，ただ一定の知識を受け入れていく学びではなく，自然・社会・文化の世界を「学び直す」[12]体験がこの時期には必要である。

　そして，「学び直す」ことは，単に教科的な場面だけではなく，自治的な世界をつくり出す生活指導においても求められる。生きづらい生活を問い直し，友だちとともに住みよい世界をつくる・体験する，それも「学び直し」だからである。

　障害のある青年の学びの場は，特別支援学校の高等部や専攻科だけではない。発達障害の生徒の場として高校の職業学科の意義も指摘されている[13]。そこでは，人間らしい仕事（decent work）に就く可能性を求めて，実物に即した学習や班での協同学習などの職業学科のカリキュラムが提起されている。

　興味深いのは，こうしたカリキュラムが，発達障害児の非言語的能力の発揮を促し，自分への見方を変え，自信を回復するという視点である。そこには，言語的な学習を主としてきた教科指導が苦手だから，体験的な協同学習をという発想ではなく，モノに関わり，また友だちとの協同を体験することによって自信を回復し，自分にとって将来とは何かを探る「学びほぐし」の過程が意識されているからである。このことは，通常教育の改革だけではなく，発達障害のある生徒が自信を取り戻し，主体的に将来設計を展望するための場である高校や専攻科においても，いっそう留意されるべきものだと考える。この学び直しの過程には，2節で強調した居場所づくりやHR活動などの集団が不可欠である。

　なお，前述したが，そもそも「同一の課程」「同一の評価」を前提とした高校において，個別の指導体制のあり方，さらには通級指導の体制なども含めた構想は，これからのカリキュラム研究の重要な課題である。そこでも，「学び直し」の考え方を生かして，どう当事者である生徒がカリキュラムづくりに関与するのかが問われている。

　見晴台学園では，「自分にあった学びを見つける」という課題のもとに，クラス編制が多種多様な組み替えとして実施されている。ホームルームだけではないクラスでの授業形態を生徒も参加して構想するなど，当事者参加という点で注目される。「ホームルーム」という呼び方の他に，「中等部タイム」「チャレンジタイム」といったクラス独自のカリキュラムをつくる試みでは，「授業行事におさまりきらない，その年度ごとの"生徒とつくるカリキュラム"」が重視されている。教科・教科外という基本の領域を前提にしながら，生徒とともに自分たちのカリキュラムを構想する点で興味深い。

(3) 教科指導と青年期の教育

　伝統的に学校の教科はその背景にある学問（科学・文化・技術・芸術）に沿って配置されてきた。「学校知」と呼ばれるように、学ぶ子どもたちの側からすれば、日常の生活とは離れた世界に取り組まねばならない分野である。前項で指摘した「学び直し」の意義は、学校におけるこうした教科指導の価値を低めるものであってはならない。しかし、それだけに困難さを伴う学習にどう誘うかが問われる。

　わが国で「おちこぼれ」問題が取り上げられた時代（1970年代）に高校の数学に困難さをもつ生徒に挑んだ実践は、微分・積分といった世界がわかる授業を展開し、苦手な数学を克服していった[14]。そこでは、数学という教科はあくまでも契機であり、その背景にある世界を知ることのおもしろさに生徒を誘っていったのである。

　しかも、「数学だいきらい新聞」という教科通信を発行し、数学に挑むことと、自分の成長に挑むことを結びつけ、教科の学びが青年期の自立の課題として強く意識されていた。そこには自分の苦手なこと、だいきらいなことを安心して表現する集団の形成も意識されていた。

　このような視点は障害のある青年期の教科指導論にも生かしたい。たとえば、発達障害の生徒に取り組んだ見晴台学園の「言語・数量」領域の選択科目の1つとして取り組まれた「短歌」の授業は、文化の世界に取り組むという、青年期を迎える生徒のプライドをくすぐるものであり、生徒は困難さを伴う世界に積極的に挑む。しかも、無記名での短歌作品を批評していくなど、安心して表現を交流する場が設定されている。

　「言語・数量」の数学の科目でも、自分のペースでじっくりと基礎から学ぶ機会を尊重しつつ、そこでも信頼できる人が側にいるという安心感を土台にした学習が構想されている。

　運動文化の領域では、バスケットボールを通して仲間とつながること、また「芸術と文化」の「音楽」領域でも、多様な音の世界に気づく指導が、仲間の呼吸に合わせて表現することなど、常に集団の中での学びとして展開されている。

　以上のような学びは、「できる・できない」という能力主義的な教科指導から生徒を解放し、自立と集団という軸に支えられた学びをつくり出そうとするものである。そのことは、特に「上手い・下手」「できる・できない」という二分法的な世界にいるとされる発達障害の子どもの発達課題の克服にとっても有効である。

　「自分でも納得できる評価をされることで自信がもてる」と指摘されているように、教科指導を通して、納得する世界を体験させている。青年期の教科指導は、能力主義的な世界に固執しがちな発達障害児にとって自立の課題に対応する意味でもこれからの実践研究の重要なテーマとなろう。

(4) 研究的要素をもつ学び

　発達障害のある青年期教育で特徴的なのは，いわゆる「基礎・基本の学び」ではなく，生徒が社会の多様な現実について学習する「研究的要素」をもった学びが進められていることである。

　鳥取大学附属特別支援学校の事例では「教養」講座を皮切りにして研究ゼミと称する学習が構想されている。大人になることや社会生活について調査し，発表・交流し合う研究的な学びが展開されている。見晴台学園では，「卒論」としてこれまでの学びをまとめる学習が進められている。

　こうした試みは，特別支援学校の高等部（高等養護学校）で，「文芸部」等のクラブ活動を通して詩作に取り組みながら人生について考える学習として展開されてきたもの[15]と同様の視点から進められているものである。そこには，クラブ活動というわが国で特別活動として展開してきた指導の意義が示されている。「自分史」を作品として綴る試み[16]も，思春期から青年期にかけて自己を問い直す試みとして注目される。

　そもそも特別活動の領域は，「自由研究」として始められたものであり，教科指導とは違って，自由に研究的な要素をもって子どもたちが探究する過程を大切にしてきた。この指導の理念が，今，上で述べてきたような青年期の障害児教育に生かされている。

　「本物指向」として実践が総括されているように[17]，青年期の生徒がリアルに社会と向き合い，研究する学びを通して，自立するとは何か，どう生きていくかを探る指導がポイントになっている。社会に適応する力には，このようにこれから生きていく社会の現実をリアルに探究し，自分の人生として挑む意欲の形成が欠かせない。自由研究という特別活動の視点を生かした青年期の研究的学びがこれからますます求められよう。

(5) 教育実践を支える共同

　以上述べてきた教育実践の課題には，共同の視点が不可欠である。思春期から青年期にかけての障害のある子どもと「通常の子ども」との共同がその1つである。青年期のカリキュラムで重視されてきた「労働」などの社会に接近する指導も，広く「通常の子ども」との共同によって進められるべき課題である。

　わが国の戦後の障害児教育を開拓してきた長崎の近藤による障害児学級の実践には，今日でいうリサイクル活動に取り組んだものがある[18]。そこでも，こうした活動が通常の子どもにどう理解されていくのか，その視点が明瞭に意識されていた。こうした実践の遺産に学びつつ，今日の指導に生かしたい。

　子ども相互とともに，教師相互の共同論はこれからの課題である。それは学校の中だけの課題ではなく，大学や専門学校に進学しても，なじめずに高校の保健室に相談に来るといっ

たケースもあるように,発達障害のある生徒の居場所づくりの課題として,教師と学校相互の広い共同を意味している。こうした広い視野からこれからの青年期の特別支援教育を展望したい。

【注】

1) 中西新太郎(2007)「社会への出にくさとは何か」教育科学研究会編『教育』57(12)号,国土社
2) 別府哲(2007)「高機能自閉症児の自己の発達と支援」田中道治他編『発達障害のある子どもの自己を育てる』ナカニシヤ出版,p.71
3) 菊地信二(2008)「定時制高校における特別支援教育の実践」日本特別ニーズ教育学会編『高校特別支援教育を拓く』SNEブックレットNo.3,p.38
4) 松宮敬広「農業高校における特別支援教育の実践」前掲書3),p.48
5) 谷口藤雄「京都府北部にある昼間定時制分校の取組み」前掲書3),p.21
6) 竹内常一(2006)「高校の多様化とホームルーム」全国高校生活指導研究協議会編集『高校生活指導』冬季号,青木書店
7) 谷口藤雄,前掲書5),p.22
8) 谷口藤雄,前掲書5),p.28
9) 見晴台学園研究センター編(2004)『LD・ADHDが輝く授業づくり』クリエイツかもがわ,p.22。以下,同学園の取り組みの考察資料は本書による。
10) 渡部昭男(2009)『障がい青年の自分づくり』日本標準,p.35。以下,鳥取大学の取り組みの考察資料は本書による。
11) 『学校法人やしま学園高等専修学校案内』より
12) ここで言う「学び直し」は,教育課程論では,アンラーンの用語に関連している。子安潤(2006)『反・教育入門』白澤社
13) 依田十久子(2009)「高校職業学科と『発達障害』青年の職業教育,移行支援」『障害者問題研究』Vol.36,No.4,全国障害者問題研究会
14) 仲本正夫(1982)『自立への挑戦』労働旬報社
15) 江口季好編著(2007)『知的障害者の青年期への自立をめざして』同成社
16) 藤森善正(1999)『障害をのりこえて思春期を生きる−中学校障害児学級の教育をどうすすめるか』藤森善正先生の新しい門出を祝う実行委員会
17) 安達俊昭(2009)「専修学校における特別ニーズ教育の実践」湯浅恭正編著『自立への挑戦と授業づくり・学級づくり』明治図書
18) 近藤益雄(1960)「精薄児の生活指導」『生活指導』7月号

生活指導・学級づくりを核とした
キャリア形成の方法

1　はじめに

　キャリア教育の中心は，後期中等教育，高等教育が考えられるが，子ども一人ひとりのキャリアというものは，発達段階や発達課題と関わりながら形成されるものである。とりわけ，初等中等教育段階でのキャリア形成は，後期中等教育，高等教育でのキャリア形成につながるための基盤として位置づけることができる。

　本章では特に，初等中等教育において共通に目指されるキャリア形成の視点について生活指導・学級づくりの側面から論じる。

2　初等中等教育におけるキャリア教育

(1)　キャリア教育と「自立」のとらえ直し

　「キャリア教育」の必要性が提起されたのは，平成11年の中央教育審議会答申「初等中等教育と高等教育との接続の改善について」においてである。

　この答申を受け，平成14年に，国立教育政策研究所生徒指導研究センターが「児童生徒の職業観・勤労観を育む教育の推進について（調査研究報告書）」を報告した。この調査研究報告書では，社会の激しい変化に伴い，子どもたちに職業観や勤労観を育成することがこれからの時代に不可欠であるとして，キャリア教育を具体的に推進するための「職業観・勤労観を育む学習プログラムの枠組み（例）」が示されている。

　この「職業観・勤労観を育む学習プログラムの枠組み（例）」は，職業的（進路）発達を促すために育成することが期待される具体的な能力・態度が羅列的に示されているものである。そのため文部科学省は，各学校において児童生徒の生活や家庭，地域の状況などを照らし合わせて，自校の子どもたちにとって何が課題かを明らかにした上で，育成すべき「能力・態度」に焦点化した「学習プログラムの枠組み」を作成することも考えられるとしている。

　このキャリア教育推進動向の中で，文部科学省は，キャリア教育を「『キャリア概念』に基づいて，『児童生徒一人一人のキャリア発達を支援し，それぞれにふさわしいキャリアを形成していくために必要な意欲・態度や能力を育てる教育』，端的には，『児童生徒一人一人の勤

労観,職業観を育てる教育[1]」と定義している。

　さらにキャリア教育の実施に関しては,新教育基本法第5条第2項が提示され,社会的な自立すなわち「社会的・職業的な自立」が重要な位置に置かれていることにも注目したい。この「自立」とは何を意味しているのだろうか。

　今日,新自由主義による競争主義的な社会の中で子どもたちは個々バラバラな状態に孤立化させられている。こうした市場主義的な社会状況の中で「自己選択・自己責任」論はいっそう強まっているように思われる。「自立」観もこうした動向と決して無関係ではなく,「自己選択・自己責任」に基づく強い自己としての自立を強いられているのではないだろうか。それは「自立」の名による孤立化にほかならない。こうした自立観では,発達障害の子どものみならず,通常の子どもにとっても生きづらい生活をつくり出すこととなる。

　そうであるからこそ,他者や社会とつながり,共同することを通して個々の自立が支えられ,導き出される教育実践のあり方が追求される必要がある。すなわち,自立とは「他者への依存を断ち切ることではなく,むしろ積極的な人格的関係をつくりつつその中で自己の生き方を確立していくこと[2]」としてとらえることが求められる。

　キャリア教育の柱の1つとして「自立」が置かれているいま,発達障害の子どもの自立にとってどのような他者や社会とのつながりが重要となるのかをとらえ直すことが課題である。

(2) 生活指導・学級づくりの意義とキャリア形成

　次に,キャリア教育における「キャリア」とはどのように定義されているのかを確認する。平成16年に出された『キャリア教育の推進に関する総合的調査研究協力者会議報告書』において「キャリア」とは,「個々人が生涯にわたって遂行する様々な立場や役割の連鎖及びその過程における自己と働くこととの関係付けや価値付けの累積[3]」と定義されている。

　この定義を受け,『小学校キャリア教育の手引き』では「キャリア」のとらえ方に関して「各個人は生涯にわたって様々な立場や役割を与えられ,その時々に合った自分らしい生き方を選択しながら生きていく。この過程の中で,自分は何を求めて働くのか,何のために学ぶのか,どのように生きるのか等,自己と働くこと,働くことと生きることを相互に関係付けたり,価値付けたりしている。こうした生きる上での自己と働くこととの関係付け,価値付けの累積を『キャリア』ととらえる[4]。」と述べている。

　学校教育において子どもたちがこうした「キャリア」を形成していくためには,自分とは異なる価値観をもち,異なる生き方をしている複数の仲間や教師との出会いや,学級でのさまざまな仕事を通して仲間とともに働くなど,学級・学校での生活をつくり出していく過程が不可欠となろう。

　しかしながら,学級における発達障害の子どもたちに目を向けるとき,彼らは,自分自身のもつ困難さゆえに友だちの気持ちがわからない,うまくコミュニケーションすることがで

きない，自己の気持ちを表現することが難しいなど，友だちと容易にはつながりにくい世界に生きている。

　他者や社会とのつながりに困難さを抱える発達障害の子どもだからこそ，さまざまな役割や立場の中で自分らしい生き方や働き方を選択していくためには，他者や社会とつながる世界＝共同の世界をつくり出していくことをより重要視する必要がある。

　そのためにも，発達障害の子どもが発する，ときに乱暴とも思える言葉や行動の中には，彼ら自身の発達への要求の芽が存在しているととらえることが大切である。彼らが発するメッセージを彼らの生活文脈の中でとらえ，具体的にどのように読み取っていくかが課題となるだろう。そのことを通して，発達障害の子どもが求めている他者とのつながり，社会とのつながりとは何なのか，他者とはどのような存在なのかが問い直されていくのである。

　このように，子どもたちの生活現実を教師と子ども，子ども相互が対話し，共同して読みひらく中で，子どもたちの必要と要求を組織しながら他者とともに生きるに値する世界をつくり出す教育実践を展開してきたのが生活指導・学級づくりである。

　生活指導とは，「子どもたちが自分たちの必要と要求にもとづいて生活と学習の民主的な共同化に取り組み，その中で，人格的自立を追求し，社会の民主的な形成者としての自覚と力量を獲得していくようにはげます教師の教育活動」であり，「子ども一人ひとりの人格的自立をはげますような生活と学習の民主的な共同化をすすめることをつうじて，学級・学校を根底からつくりなおし，地域に子どもたちの新しい共同生活をつくりだしていく教育運動的な活動[5]」である。同様に，学級づくりは，異なる価値をもつ他者との出会いを通して，関わり合うことのできる生活と社会をつくり出すことを目指す生活指導実践である。

　友だちや教師と対話すること，自分自身と友だちとの違いを越え，その上で友だちとつながること，学級での係活動や当番などさまざまな役割を担いながら友だちとともに働くこと，それらを通して共同的に生きられる生活をつくり出すことが必要である。

　すなわち，「生活が指導する」という生活指導の思想に立ち，学級・学校での生活を共同してつくり出す中で，一人ひとりのものの見方，感じ方，考え方を問い直し，さまざまな役割を担って働くことを通して友だちとの交わり方を学んだり，生活をつくる主体としての自己認識を形成することが個々のキャリアを形成する過程となると思われる。

　こうした視点から本論では特に，他者とつながること，社会とつながることを通して自己の生きること，働くことをとらえ直していく過程をキャリア形成としてとらえたい。

(3) 各学校段階における共通課題としての「他者とつながること」「社会とつながること」

　小学校では，社会生活の中で自己，他者，働くことへの関心を形成し，発展させることで，将来への希望と目標を形成することが目指されるのに対し，中学校では，小学校での教育の

基礎の上に，社会における自己の役割や将来の生き方・働き方をより具体的な体験活動（職場体験等）などを通して子どもたちが選択・決定していくことが目指される。キャリア教育の目標から見てもわかるように，「生きること」，「働くこと」に関して小学校，中学校において固有の教育課題がある。

　他方で，本論において「他者とつながること，社会とつながること＝キャリア形成」としてとらえたことは，先にも示した今日の社会的な問題状況と照らし合わせてみても，子どもたちがキャリアを継続して形成していく上で重要な基盤としてとらえることができる。それゆえに小学校ならびに中学校においても共通して追求するべき課題であると言える。

　発達障害の子どものみならず，さまざまな課題を抱えた子どもが在籍する困難な学級を目の前にして，教師たちも教育実践に行き詰まりを感じ，立ち往生しているのが現実である。次節以降では，生活指導・学級づくりを核としたキャリア形成のための指導のポイントについて示したい。

3　他者とつながること，社会とつながること　　　＝キャリア形成のための指導のポイント

(1)　子どもの思いをきき，子どもと対話する

　子どもたちを取り巻く生活現実は，「貧困」「格差」「親の離婚」等，さまざまな社会的問題を抱えた構造の中で生きづらい世界となっている。こうした状況は子どものこころとからだにどのような影響を及ぼしているのだろうか。

　「失敗したのは自分のがんばりが足りなかったせいだ」「どうせ自分なんかだめなんだ」という自己責任，自己否定に追い込まれ，友だちとの関わりを結べない，自己を肯定的にとらえることができないなどの問題を生み出している。とりわけ，発達障害の子どもは自己のもつ困難さゆえに学習や生活の中で「できない」と感じることが多く，こうした経験が積み重なることで達成感が不足し，自己否定を繰り返すことになる。この繰り返しの中で友だちとの関わりをも拒否していくのである。このような自分自身に自信がもてず，友だちとなかなか関わろうとしない子どもは発達障害の子どもに限ったことではなく，多くの子どもに共通して見られることでもある。

　友だちや教師との関わりの中で，黙り込んでしまったり，暴力というかたちで思いが表現されたりする一方で，発達障害の子どもはうまく表現できない自分自身の思いを「ききとられたい」というニーズをもっている。学級や学校の中でうまく友だちと関わりがつくれずにいる子どもとまずは教師がつながることが実践の出発点となるだろう。

　子どもたちの表出するさまざまな表現から，アスペルガー症候群の子どもゆえに友だちの

気持ちが理解しづらいのだとか，ADHD（注意欠陥多動性障害）の子どもゆえに暴力的な言動になってしまいがちなのだ，という障害特性から子どもを理解することも，容易には受け入れがたい子どもの表現を教師が理解し，受け入れる上では大切である。しかしながら，そこにとどまるのではなく，どのような生きづらさを抱えて生活しているのか，子どもの発する表現の背景にあるものは何なのかを想像しながらききとっていく姿勢が教師には求められる。

　教師が発達障害の子どもの気持ちに寄り添い，その思いや願いに共感し，応答する対話をしていくことを通して，子どもは教師を信頼できる他者として認識し，教師の中に肯定的な自己を発見しながら，徐々に教師に対して自己の世界をひらいていくのである。

　こうした教師と子どもとのつながりを生み出すには，今現れている現象は子どものもつ発達への要求の現れであるととらえることが大切である。「子どもたちは苦しみながらもがんばっている」という視点で子どもと向き合うことが求められる。

　特別なニーズ教育では，「困った子」は「困っている子」ととらえる子ども観の転換の重要性が指摘されてきた[6]。ちょっとしたことでパニックを起こす，すぐに友だちに暴力をふるうなどの子どもに対し「困った子」と見てしまいがちになる。あたりまえにできるはず，わかるはずだと決めつけるのではなく，課題を抱えた子ども自身が最も「困っている」のだととらえて彼らの困難さに応答する対話をすることで，子どもとの新たな出会いが生まれ，つながりがつくり出されるのである。

　さらに，教師はききとった子どもの思いや願いを代弁することで，子ども相互のつながりをつくり出す指導が求められる。

　代弁することの意義は，発達障害の子どもにとっては自己理解を深めることにつながり，周りの子どもにとっては発達障害の子どもを理解し，違いを受け入れていくことにつながることである。そのことによって子どもたちが互いを意識化し，学習や生活をともにつくり出していく仲間であると認識する契機となるのである。

　生きづらさをもつ子どもの思いや願いをきき，トラブルや困難を切りひらく対話は，子どもたちが他者や社会とのつながりをつくり出す上での指導の基盤となるのである。

(2) 自発的な活動をつくる

　生活指導実践では，発達障害の子どもの能動的な活動をつくり出すために，通常学級での学級内クラブや自発的な遊びの空間づくりなど，子どもの必要と要求に基づく活動づくりを実践してきた。子どもたちが自主的，自発的につくり出した諸活動に支えられながら，子どもたちの生活は豊かに広がっていくのである。

　発達障害の子どもの「こだわり」や得意とすることを活かしながらがんばれる活動場面を生活の中につくり出していくことと，その活躍の事実を学級の中で子どもたちに示していく

ことが求められる。たとえば，昆虫が好きな子の「生き物クラブ」や絵が得意な子の「絵かきクラブ」といった取り組みなどがある。

　発達障害の子どもにとってこうした自発的な活動が意味をもつのは，遊びの世界を共有することで友だちとつながるチャンスをつくり出せるからである。楽しさを共有する中で，友だちのよさや違いを感じ取り，頼り，頼られながらお互いを認め合っていく意識を育てていく指導が求められる。友だちと交わり，認め合うという相互応答のある関係性を支えとしながら「できない自分」，「ダメな自分」から「自分にもできる」と自己を肯定的に受け止められるようになり，自己認識をとらえ直すことが可能となる。

　学級の周りの子どもたちにとっては，活動を媒介にして発達障害の子どもの新たな一面を垣間見ることで，排除の対象として見ていた自己の見方をとらえ直し，発達障害の子どもとつながる契機となる。

　活動を媒介にしたつながりを支えにして，発達障害の子どもは，学級での生活に参加し，自らも生活をつくる主体であることを認識していくのである。

　こうした自主的な活動をつくる上で注意しなければならない点は，なんらかの活動をしさえすればよいという活動主義的なとらえ方を越えた活動を構想することである。子どもたちが自治的に活動を展開することで，自ら世界を立ち上げていく，すなわち，自ら生活をつくっていく経験を豊かに展開することを目指す指導が欠かせない。

　さらに，学級の枠を越えて，具体的な人（地域の大人や保護者など）やモノ（自然など）と子どもが出会い，相互に交流していくことを通して，自分自身や自分の生活と社会とのつながりを追求する活動を展開していくことも課題となるだろう。

(3) 生活をつくる

① 生活の環境を見直し，変えていく

　発達障害の子どもがもつ学級・学校での生活での困難さに対して，1日の予定を絵や写真などを使って視覚的にわかりやすく掲示したり，予定の変更がわかっている場合などはあらかじめ数日前から子どもに予定の変更を伝え，子どもが予定変更を納得して受け入れられる時間を丁寧につくり出す指導が行われてきた。

　学級での生活にさまざまな困難さを抱える発達障害の子どもを学級に同化，適応させるための管理的な指導ではなく，彼らの困難に寄り添いながら，生活の環境を見直し，変えていくことで，彼らが生活に参加する見通しを育てようとする指導姿勢である。

　生活を見直し，変えていく方法はこうした視覚的な具体物による方法だけではない。学級の子どもたちを支配しているものの見方，感じ方，考え方を問い直すことが必要である。

　学級には，暗黙に了解されているきまりごと＝ルールが多く存在している。能力主義的，競争主義的な学校の中で，この「あたりまえ」の基準がますます狭くなってきている。「あた

りまえ」に生活できない発達障害の子どもたちは容易に排除の対象とされてしまう。教師は，「どの子も排除されない」というインクルージョンの原則に立ち，特異な行動をとる発達障害の子どもを排除してあたりまえと見る学級の他の子どもたちのものの見方，感じ方，考え方を明らかにし，それを転換していくことが求められる。それは，トラブルの事実をききとり，子どもたちに問いながらトラブルの解決に必要な新たなものの見方，感じ方，考え方をつくり出すことで，子どもたちとともに新しい生活を追求していく指導である。

② 「特別ルール」や「特別な場」を設定する

他方で，「あたりまえ」の生活に適応しにくい子どもに「特別ルール」や「特別な場」を設定する指導が行われてきた。授業に集中しづらい子どもに対し，「授業中2回までは教室の外に出てよい」といった「特別ルール」を学級での対話を通して合意をつくり，決定していくのである。また，パニックを起こしたときに，空き教室へ行くことや保健室に行くことで気持ちをクールダウンさせたり，自己を受容するための場としての「特別な場」の必要性が指摘されてきた。

こうした「特別ルール」や「特別な場」をつくり出す上で注意しなければならないことは，1つには，当事者の子どもとの対話と合意によって決定することである。教師から一方的に設定するのではなく，「特別ルール」「特別な場」に対して当事者の子どもがどのように感じているのかを確認しながら決めていくのである。その過程には，変更，中止といった選択もあることが必要である。

2つには，学級の子どもたちとの対話と合意によって決定することである。「ずるい」「わがまま」といった価値を超えて，「特別ルール」や「特別な場」が発達障害の子どもに必要なものであると同時に，落ち着いたり，安心できる生活を保障するという意味からも周りの子どもにとっても自分たちの利益につながるということを丁寧に指導することが求められる。

3つには，「特別ルール」や「特別な場」の設定が発達障害の子どもに限らず，学級のすべての子どもに開かれていることを実感できるようにすることである。学級・学校での生活で生きづらさを感じているのは発達障害の子どもに限ったことではない。発達障害の子どもの課題が自分たちにも共通し，つながっているという議論を起こす指導が求められる。

一人ひとりの声がききとられ，対話と合意によって生きるに値する生活を自分たちでつくっていくことができると実感する経験の積み重ねが，他者や社会とつながる土台となり，その上で社会に働きかけ，新たな価値世界をつくり出していく過程が個々の子どものキャリア形成となるのである。

容易には理解しがたい他者，異なる価値をもつ他者とつながり，共同することができる生活をつくり出すのは，今日のさまざまな困難を抱える教育実践において容易に達成できることではない。そうではあるが，発達障害の子どもにとっては，学級・学校での生活の中で教師や友だちに支えられながら，自己を肯定的に受け止められる場，すなわち生活をつくり出

す主体として参加することが、彼らの自立（キャリア形成）にとって不可欠である。

（4） 働くことをとらえ直す

　学級での係の活動、給食当番、掃除当番といったさまざまな仕事（働くこと）が子どもたちの生活づくりと関係している。

　しかしながら、発達障害の子どもは働くことに関して集中してできなかったり、関わろうとしなかったりなど困難さをもっていることが少なくない。

　掃除当番をしないことで起きるトラブルに対し、教師がいろいろなものに気が散ってついつい掃除のことを忘れてしまう発達障害の子どもの事実を学級の子どもたちに示しながら、どのようにしたら彼が掃除のことを思い出せるかを当該の子どもに聞き、班の他の子どもたちと怒って注意するのではなく、顔を見て「掃除、掃除」と言って教えることを学級の子どもたちと決めていくなどの実践がある[7]。

　ここには、働くことを媒介にして友だちとの交わりの仕方を教える指導の視点がある。学級での仕事＝働くことに関して、できないことを強要するのではなく、できることの合意をつくりながら決めていくのである。それは、ともに仕事ができる道を探ることであり、発達障害の子どもにとって学級での生活に自分も位置づいていることが実感できることにつながる。

　係活動や自治的な活動など、働くことをなぜする必要があるのか。それは、働くことを通じて、友だちとの交わりの力の土台を形成し、自分たちの世界をつくっていく価値世界の追求へとつながるからである。

　さらに、働くということそれ自体を学ぶ際には、労働の世界を通して社会の現実に触れる視点が欠かせない。失業率の上昇、非正規雇用などの労働問題を学ぶことは、やがて当事者となる子どもたちにとっても意義深いものである。その際、一方向的な情報、意見だけを提供するのではなく、異なる立場、視点からの情報を提供することが必要である。

　たとえば、経営者からの視点から学ぶだけではなく、被雇用者、地域住民などさまざまな視点から学ぶ必要がある。こうした、多様な情報、立場、視点から学ぶことは、自分なりの働くことへの意識形成をする上での基礎的な条件となるだろう。

　学級での役割を担って仲間とともに働くことを通して、他者との交わり方や生活をつくる主体としての自己認識を形成すること、他方では、労働の世界における現代的な課題をとらえながら、生き方や暮らし方それ自身を検討する場をつくり出すことが市民として生きていく個々の子どものキャリア形成にとって重要である。

4　おわりに

　発達障害の子どもたちは，学級の子ども集団が彼らを受け入れていく集団となる過程で，社会は働きかけるに値する世界であるということを発見し，その力を獲得していくのではないだろうか。

　それゆえに，学級の仲間と共有する価値世界をつくる，その新たな価値世界をつくり出すという学級づくりの過程そのものが，ゆっくりではあっても発達障害の子どものキャリア形成にとって意味があるのである。そこにこそ，学級の今日的な意義があるのだと思われる。

【注】

1) 文部科学省（2006）「小学校・中学校・高等学校　キャリア教育推進の手引き―児童生徒一人一人の勤労観，職業観を育てるために―」p.3。なお，キャリア教育の定義に関して，1999年12月の中央教育審議会答申「初等中等教育と高等教育との接続の改善について」では，「望ましい職業観・勤労観及び職業に関する知識や技能を身に付けさせるとともに，自己の個性を理解し，主体的に進路を選択する能力・態度を育てる教育」としているが，本手引きでは，『キャリア教育の推進に関する総合的調査研究協力者会議報告書』（2004）の定義を使用している。
2) 折出健二（2007）『人間的自立の教育実践学』創風社，p.44
3) 文部科学省（2004）『キャリア教育の推進に関する総合的調査研究協力者会議報告書』
4) 文部科学省（2010）『小学校キャリア教育の手引き』p.7
5) 全生研常任委員会編（1990）『新版　学級集団づくり入門　小学校編』明治図書，p.4
6) たとえば，大和久勝編著，今関和子・日笠正子・中川拓也執筆（2006）『困った子は困っている子―「軽度発達障害」の子どもと学級・学校づくり』クリエイツかもがわ
7) 里中広美「大地とみんなをどうつなぐか―攻撃・排除からつながりへ」湯浅恭正編著，里中広美・猪野善弘・井原美香子・今関和子執筆（2008）『困っている子と集団づくり―発達障害と特別支援教育』クリエイツかもがわ

幼児期から始めるキャリア形成

1 就労に必要なコミュニケーション能力とは

(1) 職場で求められるコミュニケーション能力

　発達障害児に限らず，近年，一度就職をしても長く継続できない若者が増えていると多くのところで指摘されるようになった。特に，職場の人とうまくコミュニケーションがとれない若者が増えていて，円滑に人間関係を形成することができないために同じ職場に継続して通うことができなくなっているという。こうした現実を見るにつけ，これからの「働く力」とは，まさにコミュニケーション能力であると言っても過言ではないだろう。それでは，就労に必要なコミュニケーション能力とはどのようなものなのだろうか。

　一般的に言えば，コミュニケーション能力とは「人とやりとりをする力」である。これを仕事の場面に置き換えれば，「言われたことを理解し，できたことを報告する力」であると言える。これまで，こうした力を「ほう・れん・そう（報告・連絡・相談）」などと表現し，子どもが身につけ，活用できるようにすることが奨励されてきた。特別支援学校の高等部の実践においても，職場に出たときに必要な力であるからという理由で，どのような学習を行っていても，「できました」「確認をお願いします」「次は何をしますか」などといった言葉を使えるようにすることが授業のねらいの1つとされてきた。

　しかし，果たしてこうした旧来型のコミュニケーション能力を身につけていれば，職場で適応できるのだろうか。そこで，以下のような2つの場面を想像しながら，職場で必要なコミュニケーション能力について考えてみたい。

学校の算数の場面	スーパーで野菜を仕分けする場面
（問われること）10個のジャガイモを2人に分けました。1人あたり，じゃがいもをいくつもらえますか？	（問われること）市場で仕入れた1箱のジャガイモをとりあえず2個のバケツに分けておいて。
（答え）10÷2＝5　　　5個	（作業）目分量で同じくらいになるように2つのバケツに大まかに入れる。

もちろん，ここでは「学校の算数の場面」と「スーパーで野菜を仕分けする場面」を対立的にとらえているわけではない。スーパーで野菜を仕分けする際にも，算数の力を活用することはあるし，当然のことながら算数の時間にも，大まかに計算してみて解答までの大筋を考えるなどというようなことはある。しかし，算数の問題を解くことと，スーパーの仕事をすることの間には決定的な違いがある。それは，スーパーの仕事では「状況判断」が必要であるということである。つまり，仕事においては，頼んできた相手がどのくらいの正確性を求めているのか，そのときの状況や相手の表情などから瞬時に判断することが求められる。

　このように，職場ではあいまいな基準に対する状況判断力が求められている。こうした能力は，例をあげれば数えきれないほど存在する。たとえば，レストランの厨房で「お客さんの注文状況に応じて，不足しそうなお皿から洗う」などというような課題は障害のない大人であっても最初から上手にできるとは限らない。レストランの接客においても，「食事ができあがったときに，何人かの客が来店した場合，注文を取りにいくことと食事を届けることはどちらを先にすべきか」などといった「あいまいな基準」をその場で瞬時に判断する場面は多くある。

　発達障害の子どもは，こうした「あいまいな基準」を自ら判断することが苦手であると言われている。たしかに，メタ認知能力に困難がある発達障害児にとっては，過去の状況判断の結果から，今の自分が置かれている状況をとらえ，何をなすべきであるかについて考えることは苦手であるかもしれない。しかし，特別支援学校や特別支援学級の実践を含めて，日本の教育実践で「あいまいな基準」を設けてそれを自己判断させるような取り組みがどのくらいなされてきたのだろうか。発達障害児がこうした判断をすることが苦手であるのは，むしろ学校教育の中で明確な基準で解答を得られる問いしか与えられてこなかったからではないかとも考えられる。

(2) キャリアとは個人と社会を「価値」でつなぐこと

　「あいまいな基準」を設けてそれを自己判断させる教育実践が学校でなかなか行われない理由には，そこに個人の「価値」や「評価」が伴うからである。「近代」と言われる時代に基盤が形成された学校教育は，社会において普遍的な価値をすべての子どもにいかに効率的に浸透させていくかに焦点が当てられてきた。しかし，近年，個人の「価値」や「評価」を教育の中でも重要視し，教育プログラムの中に組み入れる必要性が認識されるようになった。

　特に，21世紀の国際的な学力として注目を集めた「コンピテンシー」という概念は，こうした時代の変化をとらえたものである。コンピテンシーとは，簡潔にまとめると「流動的な状況の中で，自分はどのような役割を果たすべきであるか」を考える力であると言えるが，こうした力はまさにキャリア教育の中で身につけるべき力と一致する。

　キャリア教育で用いられているキャリアとは，「キャリア官僚」などのように使用される際

にイメージされる「階級の上のほうに位置する」とか「重責を担う」などの意味とは異なるものである。文部科学省の定義では，キャリアとは**「個々人が生涯にわたって遂行する様々な立場や役割の連鎖及びその過程における自己と働くこととの関係付けや価値付けの累積」**と定義されている。

すなわち，「キャリア」とは，「個人」と「働くこと」との関係の上に成立する概念であり，個人から切り離して考えられないということである。また，「働くこと」については，「職業生活以外にも家事や学校での係活動，あるいは，ボランティア活動などの多様な活動があることなどから，個人が学校生活，職業生活，家庭生活，市民生活等のすべての生活の中で経験するさまざまな立場や役割を遂行する活動として幅広くとらえる必要がある」と指摘されるなど，キャリア教育は狭義の進路指導や職業訓練ではなく，幼少期からのあらゆる主体的活動が職業観・勤労観の形成につながるという考え方をとっている（文部科学省「キャリア教育の手引き」より）。

このようにキャリア教育をとらえると，キャリア教育は幼少期から開始する必要があるだろう。もちろん，幼少期のキャリア教育は「働く」というイメージではとらえられない子どもの遊びが将来の職業観・勤労観の形成へとつながるという考え方であるが，以下に幼少期からのキャリア教育を大まかにデザインしてみたい。

2　幼児期・学童期のキャリア形成

(1)　没頭する活動と自己表現力

「特殊教育」と呼ばれる時代の発達障害児に対する実践では，幼児期・学童期には「身辺自立と働くことに関するスキルの獲得」が大きな目標であった。しかし，こうした目標を掲げるだけでは，真のキャリア形成とはならないだろう。そうではなく，活動に没頭する中で，「素材」に親しみ，「道具」を活用できるようにする，といった活動を繰り返し，そこからさまざまなことを学ぶことこそ幼児期・学童期に必要なキャリア形成と言えるのではないかと考える。

活動に没頭すること

スキルの学習 活動からの学び

『こんなに叩いたらぺしゃんこになっちゃうかな……』

『けっこう力をいれないと……えい！』

『いてて……机を叩いちゃったよ……』

「道具」を介して「自己」と「対象」の間で考える→
　　　　　　　　　　　　　　「自己調整力」が育つ

第3章　幼児期から始めるキャリア形成

　たとえば，粘土をこねることがとても好きな子どもがいたとする。それは，棒で粘土を叩くといろいろな形に変わるのがとても楽しいからであった。こうした子どもに対し，教師に少しのゆとりがあれば，「こんなふうに叩いてみたら？」と提案するなどしてさまざまな方法を試しにやらせてみることができる。子どもは，「こんなに強く叩いたらどうなるだろう」と思いながら，棒で叩いていたら，誤って机を叩いてしまって手がしびれた，などという経験もあるだろう。

　このように，子どもは楽しい経験といくつかの失敗を経験する中で，物事の本質を学んでいく。すると，粘土のような素材を叩くときに「このくらいの力加減でたたくとよい」という力加減を学ぶことができるだろう。こうした力加減を「自己調整力」と呼ぶならば，幼児期・学童期には没頭する活動の中で，自己と社会（物）との間を調整する力を身につけておくことがキャリア形成の基盤づくりとなるのではないだろうか。

(2) 活動への誇りと自信を高める

　幼児期・学童期には，さまざまな素材に触れ，さまざまな道具を使って活動に没頭することに加えて，活動への自信と誇りをもつように子どもに働きかけていくことも大切である。たとえ発達障害のある子どもであっても，自分のやるべきことは自分で選び，決めたいという気持ちはもっているものである。とかく教師は，「これは子どもにはまだ難しいのではないか」と思いがちであり，特に発達障害のある子どもに対しては活動を制限してしまうことが多い。しかし，できることを列挙して，自分で活動の順番を決めるなど，自己選択・自己決定を子どもにさせることを基本に置いた関わりが大切であると考える。

　また，花に水をやるとか，手紙を職員室に届けるというような簡単な係活動でよいので，仕事を任され，「ありがとう」と言われる経験を幼児期・学童期にたくさん積むことも，将来のキャリア形成にはとても重要なことであると考える。単にちょっとしたお手伝いをするというのではなく，いつも決まった係活動を継続することは，子どもの自信につながることであるとともに，「これが自分の役割だ」といった活動への誇りを身につけていくことだろう。

　こうした取り組みを行う場合には，教師が決めた係を子どもにやらせようとするのではなく，

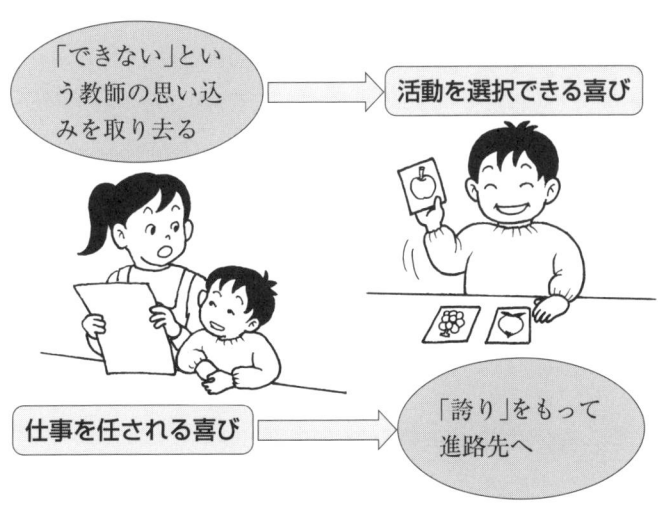

活動への自信と誇りを高める

あくまでも教師と子どもで話し合った上で，子どもが「やりがい」を感じながら，活動することが重要である。

3　中学・高校のキャリア教育

(1)　試行錯誤こそ最高の学び

①　子どもの価値と社会の価値を一致させていく実践の重要性

　幼児期・学童期において，活動に没頭しながら素材に親しみ，自らの活動を選択し，他者からの期待を受けながら役割を果たすことで，活動や役割に対する自信と誇りをもてるように育てたら，中学・高校の段階では，その活動を社会的な価値へと結び付けていくことが求められる。たとえば，粘土であれば，素材の変化を楽しみながら自分が満足する作品へと仕上げていくことが幼児期・学童期の課題であるとすると，中学・高校の段階では，それを多少，大人の側の要求に応えられるようなものに変化させ，修正することができるかどうかが課題となる。

　特別支援教育では，中学・高校の段階で「作業学習」という授業を行っている学校が多いが，この授業では単に作品を作るということではなく，一般社会で販売できる「製品」へと高めていくことを求めている。もちろん，「高い値段で売れる製品づくり」を至上命題として，子どもの活動を完全に流れ作業の中に固定して位置づけ，教師の意図どおりに製品づくりに従事することを目的とするような実践では，キャリア教育とは言えないだろう。なぜなら，そこでは子どもの「価値」がほとんど考慮されていないからである。そうではなく，子どもが創意工夫しながら完成させた製品を，社会の人がどのように受け止め，評価するかを子どもに意識させることが，中学・高校段階のキャリア教育として重要な点だと言えるのではないだろうか。

　このように考えると，中学・高校段階のキャリア教育では，「こういう物を作ってみたい」という子どもの「価値」と，「こういう製品であればほしい（買いたい）」という社会の側の価値をまさに一致させていく実践を展開することが重要なのだと考える。こうした実践を展開するためには，子どもが何かを制作している過程で「試行錯誤」を保障することが必要となる。たとえば，粘土で皿を作る学習を考えてみると，表面的には「粘土をこねる」→「ヘラの使い方を習得する」→「皿の型抜きができるようになる」……というような過程で授業が進行していたとしても，子どものキャリア形成で重要な点は子どもの内面で生じている「葛藤」であると考える。

②　「試行錯誤」を繰り返すことで新しい概念へ

　仮に，「粘土をこねる」ときに隣にいた教師が手を取って丁寧に生徒に教えたので，とても

きれいなお皿を作り上げたとする。しかし、この学習過程で子どもは何を学びとったのであろうか。こうした実践を少し極端に解釈すると、「自分がわからなくなったときには、教師が手を取って教えてくれる」ということを学び、いわば「自ら考えなくてもよい」ということを定着させることになるのではないかという懸念も生じる。

試行錯誤こそ最高の「学び」

```
┌─ 学習過程 ─┐    ┌───── 子ども自身の学びの過程 ─────┐
│           │    │           科学的概念              │
│  型抜きの練習 │    │              ↑                  │
│    ↑      │    │   試行錯誤 ── 道具と言語         │
│  ヘラの使い方 │    │              (記号)             │
│    ↑      │    │              ↑                  │
│  粘土をこねる │ →  │        生活的概念                │
│           │学習経験│      (自然発生的概念)            │
└───────────┘    └──────────────────────────────────┘
      「生活的概念」を「科学的概念」へと発展させる教師の教授
```

そうではなく、子ども自身の学びの過程で大切にしなければならないことは、粘土をこねたときの感触や、へらを使っているときの手の加減など、さまざまな「学習経験」をしっかり自分なりのイメージに定着させることである（「生活的概念」）。そして、自分なりに形成した生活的概念を他者からの意見や評価を取り入れながら、もっとよいものに改良していくために「試行錯誤」を繰り返すことで新しい概念へと変化させていくことが求められる。

このとき、作業の中から見えてきた課題や要求を自分なりに頭の中で言語化したり、解釈したり、また、いろいろな道具を活用してみて、新しいよりよい製品へと発展させていくことが重要であると考える。こうした実践を展開することで、子どもは製品づくりを通して、素材や道具を真の意味で使いこなすことができ、また社会の仕組みや他人の価値なども理解できるようになる（「科学的概念」）。以上のようなものごとの核心に迫る製品づくりを経験させることで、働くことや生きることにおいて留意しなければならない点が子どもの中に定着するのであれば、それは青年期のキャリア形成にとって大きな財産となるのではないかと考える。

(2) 社会的自己を形成するための進路学習

中学・高校段階のキャリアを上述したような実践の中で形成することが大切であるのは、キャリア教育とは「社会的自己」の形成であるからである。すなわち、自分の好きなことだ

けをしているのではなく，逆に人から言われたことだけをしているのでもない，社会的な人生を子ども自身が切り開いていくことこそがキャリア形成なのである。そのため，キャリア形成には，「社会」の中に「主体的な自己」をどのように位置づけるかを子ども自身が考えることも含まれ，単に製品づくりを通してのみ形成されるものではないと考える。

　子ども自身が「社会」の中に「主体的な自己」を位置づけることを支援する授業として，進路に関する学習を実施することが必要となる。特に，発達障害をもつ生徒については，過去の自分と現在及び将来の自分を頭の中で整理・統合し，人生を1つのラインで結ぶことが苦手な子どもが多い。あるいは，保護者が早くから発達障害を認識していた子どもについては，保護者がある程度の道筋をつくり，そのレールの上を歩いてきた子どももいる。こうした状況の中では，子どもはどんなに製品づくりがうまくできても，「何のために頑張るのか」という点が明確でないことが多く，仕事を続ける原動力が弱まってしまう。

　こうした理由から，過去を振り返らせながら「自分はどんなことが今まで好きだったか・得意だったか」，「どんなふうに人からほめられると嬉しかったのか」を自己理解し，そうした自分は「自分も楽しいし，社会からも認められる」ということを学習する必要がある。こうした学習はまさに「自分探し」の学習を意図的に行うことであり，進路指導ではなく，進路学習であると言える。キャリア教育では，こうした進路学習を通して，将来の肯定的な自己イメージ（「自己意識」）を形成することが重要であるが，発達障害のある子どもほどこうした学習を丁寧に行わなければならない。こうした実践は可能な限り個別的に関わることができるような体制を組んだ上で，年間通して継続的に実施していくことが必要であると考える（「進路学習」の具体的な内容・方法については，第8章を参照）。

4　二次的障害を示す発達障害児のキャリア形成

　これまで，幼児期・学童期と中学・高校段階において形成すべきキャリアについて概説してきた（右図参照）。

　上記のキャリア教育の系統性を概観すると，従来の「特殊教育」がねらいとしてきた小学部で身辺自立を確立し，中学部で働くために必要なスキルを獲得して，高等部で働く態度を育成するといったことが障害児の

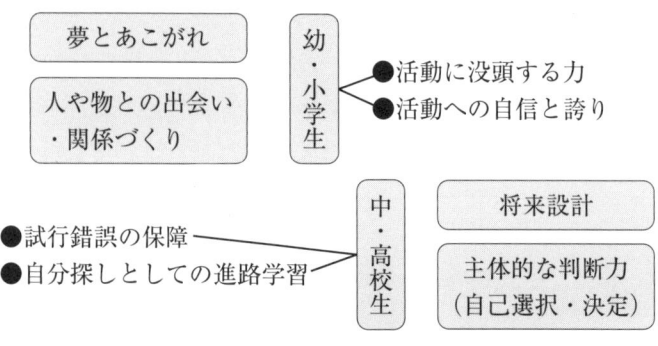

キャリア教育ではない，ということがわかるだろう。そうではなく，幼児期からの人とものとの豊かな相互作用の中で，自己（人格）を確立していくことがまさに重要であると考える。

しかし，近年の日本の青年が必ずしもそうした成長を遂げているわけではないのも事実である。経済的に裕福な家庭に育っても，受験一辺倒の家庭に育った小学生が燃え尽き，あらゆる活動から逃避しているような話もときどき耳にする時代である。発達障害の子どもでも，幼児期・学童期に失敗経験が積み重なり，情緒不安定などの二次的障害を表面化させて，高等学校や特別支援学校の高等部に入学する生徒も少なくない。

こうした生徒はいわば幼児期・学童期のキャリア形成に失敗したケースであるが，だからといって中学・高校段階で何もできないと言うわけではない。理論的に言えば，こうしたケースに対しても，活動に没頭したり，他者から役割を与えられることの心地よさを高校の段階でもやはり経験させなければならないのではないかと考える。もちろん，社会に出るまでの時間はあまり残されていない生徒であるかもしれない。しかし，活動に楽しく従事することができる生徒は，職場で困難場面に遭遇してもその状況を何とか打開しようとすることが多いことなどを考えると，少し回り道をしたとしても，情緒不安定な状態に置かれている発達障害児に対し，幼児期から必要とされているキャリア形成の過程を追いかけることが重要なのではないかと考える。

この意味において，障害児のキャリア教育は，単に各年齢でどのようなことが大切であるかを考えるものではなく，むしろ人が社会の中で主体的に存在し続けるために必要な成長の過程を考え，それを教育実践の中で実現させるものであると考える。

＊付記

本稿には，文部科学省科学研究費補助金を受けて行われている「発達障害児のキャリア教育プログラムの開発」（研究代表者・新井英靖；課題番号 22730712）の研究成果の一部が含まれている。

【参考文献】
・文部科学省（2006）『小学校・中学校・高等学校　キャリア教育推進の手引き－児童生徒一人一人の勤労観，職業観を育てるために』
・諸富祥彦（2007）『「7つの力」を育てるキャリア教育─小学校から中学・高校まで』図書文化社
・新井英靖・茨城大学教育学部附属特別支援学校編著（2009）『障害児の職業教育と作業学習』黎明書房

コラム① こころを育てる性教育―性を肯定的に受けとめて―

　障がいのある子どもたちに性の問題が起こると周りの大人たちは、"やめさせなければ……"という思いになります。そうではなく問題行動は発達要求ととらえてほしいのです。

　性器いじりをしている子に対し、「ダメ」「汚い」という言葉をかける人がいます。そう言われると「ここは触ってはダメなんだ」「ここは汚いのだ」と、からだを否定するようになり、性器に触れられなくなる、自慰のできない子になる可能性があります。

　性器いじりをするには、理由があると考えてほしいのです。夢中になるものがない、不安である、小言が多い、ほうっておかれている、下に赤ちゃんが生まれた、クラスが変わった等環境も見てほしいのです。男の子はおしっこをするときにペニスを持ちますので、触って気持ちのよいところと知っています。性器に触れていたら、別の遊びに誘ってあげてください。そして、触りたいときは、人に見られない所でするように教えてあげてください。

　思春期になると自慰をするようになります。自慰は自分自身の楽しみです。自慰の抑圧は、全ての抑圧となります。男の子にとって自慰ができることは大切で、自分の性のコントロールにつながります。女の子の自慰は、行う子は半数位ですが、男の子ほど認められていません。女の子の自慰も認めてあげてほしいものです。

　また、思春期になるとからだが、大人のからだへと変化します。障がいのある子の中には、突然のからだの変化を受け止めにくい子がいます。

　男の子のからだは、発毛し、声が変わり、ペニスが大きくなり頻繁に立つようになります。射精が起こると、夜寝ているときに夢精もします。朝起きてパンツがぬれているとおねしょをしたと思う子が多く、誰にも相談できずに悩んでいます。また、発毛が認められなくて、カミソリで性毛やすねの毛を剃る子がいます。

　女の子のからだは、性器や脇から発毛し、胸がふくらみ、からだに丸みを帯びてきます。月経も始まります。女の子は、月経の手当てがあるため、お母さんからからだの仕組みについて教えてもらうことが多いです。でも、ナプキンをあてることが嫌いな子もいます。

　性教育で、からだの部位の名前や働きを習い、「大人のからだになっていくのだよ」「からだってすごいね」「大人のからだになると、男の子は、精子・あかちゃんの元を作ります。女の子は、卵子・あかちゃんの卵を作ります」と、みんなと学ぶ中で、子どもたちは大人になることに期待をもちます。毛を剃らなくなったり、大人のからだになったことを喜ぶようになります。子どもたちは、からだについて学ぶ性教育が大好きです。明るく前向きな性教育が、子どもたちのこころを育てます。「ダメ」や禁止の性教育では、育ちません。自分のからだの素晴らしさ、大切に育てられてきたことを実感すると、自分を大切にするようになりますし、また友だちをも大切にするようになります。性は、人間みんなにあるもの、生きていく源であり人間らしさの現れであるととらえてほしいのです。

　情報の少ない障がいのある子どもたちだからこそ、性教育は必要です。

実践編

第4章

教科学習を通して
人と関係を築く力を育てよう

1 なぜ,「人と関係を築く力」が必要か

(1) 人との関係とは

　人は社会生活を営む上で人と関わることなしに社会生活を送ることは不可能に近い。人の人間関係の発達は始めに同調相互活動による親子関係で形成される。言語が発達するためには,気持ちを通わせるという相互作用を基盤とする人間関係が深く関連する。私たちはこれまでの保育・学校現場実践の蓄積から,自分の気持ちをわかってくれる「かけがえのない人(二者)」を土台に,人間関係の発達が高まり広がっていくことを確証できた。また,人間関係の発達の要素としては,「人に気持ちを伝える力」「人に協力できる力」「人に頼む力」「折り合いをつける力」等,「人に関わる力」を重要なものとしてきた。

(2) 人間関係形成能力

　一般企業に就職した特別支援学校高等部卒業生は,卒業してから3年後に約4割が離職する現状があり,その離職の原因は,職場の障害者理解の欠如による離職などもあるが,「人間関係」によるものが多い。
　2009年4月,文部科学省が学習指導要領の改訂をした。高等部編の総則では,「学校においては,キャリア教育を推進するために,地域や学校の実態,生徒の特性,進路等を考慮し,地域及び産業界や労働等の業務を行う関係機関との連携を図り,産業現場等における長期間の実習を取り入れるなど就業体験の機会を設けるとともに,地域や産業界等の人々の協力を積極的に得るよう配慮するものとする」とした。
　「キャリア」とは,一般には「経歴・職歴」という使い方であるが,キャリア教育におけるキャリアとは,「個々の人が生涯にわたって遂行する様々な立場や役割の連鎖及びその過程における自己と働くこととの関係付けや価値付けの累計」である。
　知的障害のある児童生徒にとっても,その年齢や立場によって,さまざまな役割があり,その中で,働くことの意義や意識をそれぞれが身につけることが必要とされた。そして,キャリア教育を推進するにあたり,障害のある児童生徒の自立と社会参加に向けて小・中学部段階からキャリア教育を充実し,活動する喜びや働く喜びが体験できる指導を図っていくこと

とした。自立と社会参加に向け「人間関係形成能力」「情報活用能力」「将来設計能力」「意志決定能力」が重要とされた。

2　人との関係を築く力を育てる教育実践

ここでは，筆者を含め3人の実践を紹介する。

(1)　中学部における「職業・家庭科」による実践

筆者は，知的障害特別支援学校中学部2年生の「職業・家庭科」で，特に「人との関係を築くこと」にねらいを置いた作業学習（週2時間）を展開した。生徒9名（男子7名，女子2名。うち，自閉症の生徒4名を含む）に職員4名で授業を行う。

1学期には，「花・野菜の土」の袋（10 kg）をスクールバスターミナルから実習園まで（250 m）2人で運ぶ活動を行った。農園芸の作業学習では，いつも2つ以上の作業内容の選択肢の中から作業内容を自分で選ぶこととしている。

その日の作業内容は，「実習園の草引き」「土運び」「農機具を倉庫から出す」の3つで，この中から生徒一人ひとりが選ぶ。草引き担当は，人気のある若い女性の先生であることを紹介し，草引き作業は3名，土運びは4名，農機具を倉庫から出す作業は2名が選択した。土運び班は，「花・野菜の土」の置いてあるバスターミナルへ移動する。

「花・野菜の土」は，1人でも抱えてなんとか運べるが，ここでは2人で運ぶことを提示し見本をやってみせる。袋の片方を両手で持つように支援する。そこでは，持ち上げるときに相手を意識して相手の動きに自分を合わせないとうまく持ち上がらない。運び歩くペースも同様に相手の動きに合わせないとうまく運べない。

「花・野菜の土」を農園まで落としながらも何とか運ぶことができ，回を重ねるごとに運び方がうまくなっていった。

他者を意識し，他者の動きに自分を合わせる。すなわち，人を意識し，協力の基礎をつくる教育的意義のある活動としてこの授業をとらえた。

①　木工作業の授業づくり

2学期になり，木工作業に取り組んだ。更衣室に置く更衣棚（W 180 cm × H 150 cm × D 90 cm）製作に取り組むことにした。1台で20名の着替えた服が置ける大型更衣棚2台の製作に取り組んだ。授業の主なねらいと生徒の活動は以下のとおりである。

②　主なねらい

・働くことに関心をもち，自分で作業内容を決め，働く喜びを味わう。
・道具や機械を安全や衛生に気をつけながら使用する。
・自分の役割を理解し，他者と協力して見通しをもって作業をする。

③ 主な活動

・材料を木工室に運ぶ。　・寸法を測る。　・電動ノコギリでコンパネを切る。
・ノコギリで棚板用コンパネ，背面用ベニヤ板，棚板受け木材を切る。
・電動ドリルで釘穴をあける。　・ボンドを付け，釘打ちをして組み立てる。
・ヤスリかけをする。　・ペンキ塗りをする。　・完成した棚を運ぶ。

④ 生徒の様子

　コンクリートパネル（8枚，以下コンパネ）運びは，全員が2人で運ぶこととした。また，ベニヤ板（4枚）も運んだ。木工室までは，相当距離があるため，途中で下ろして休憩するよう仕組んだ。板を下ろすところにポイントがあり，どちらかが声をかけ一緒に下ろす。コンパネを持ち上げたときにバランスが悪く持ち変えている。それぞれ歩くスピードも違っている。向かい合って運んでいたのが，先頭の生徒が進行方向を向き後ろ手に持ってコンパネを運ぶなど工夫する姿が見られる。下ろすときに声をかけ合ったり，持ち上げるときも「いくよ！　せえの〜！」と声をかけている。ベニヤ板は，軽いがグニャグニャして2人で持ち運ぶのが難しく何度もバランスのよい位置に持ち変えていた。

　ノコギリで板を切る場合も，2人1組にし，それぞれ切る人と，木を押さえる人を位置づけた。ボンドを付けて釘を打つ場面では，板を支えてあげたりする場面が自然に出てきた。製作工程で，整理棚を立ち上げたり，授業終わりに製作中の整理棚を教室の隅に運ぶときは，全員で「せえの〜！」と声をかけ合った。4ヵ月がかりでみんなで作り上げた整理棚を更衣室に運び入れるのも全員で声をかけ合って運び入れ，完成を喜んだ。

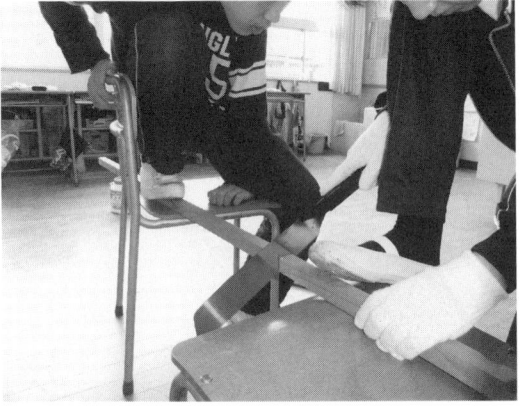

第4章 教科学習を通して人と関係を築く力を育てよう

　人との関係を豊かに育むには,「人の活動を見て,自分もやってみたい」と憧れの心が芽生え,1人でやるよりも「みんなとやるのが楽しい」「みんなとだったらしんどさも乗り越えられる」といった経験がたっぷり必要である。その結果,子ども一人ひとりの内面に「人っていいな」という思いが形成されていくのである。そして,その経験を基礎に「人と折り合いをつける力」が育まれていくと思われる。

(2) 高等部における国語の実践

　大阪市立住之江養護学校の前田範子先生は高等部の国語の時間に「人間関係形成能力」を基礎に置いた実践の取り組みを行った。以下は前田先生の実践報告を筆者がまとめ直したものである。

　授業の年間計画は,「国語（特別支援学校知的障害者用教科書）」（文科省）の教材をもとにしながら,投げ込み教材も入れてきた。詩の教材でよいものがないかと探していたときに職場の同僚から工藤直子さんの『のはらうた』（童話屋）を紹介された。詩を読み進むほどに,前田先生の胸のうちに子どもたちに対するいとおしさがこみ上げてきた。なぜなら,その「のはら」には,教え子たちが生き生きと息づいていたからである。子どもたちにもこの詩を読んでほしい,共に読み合うことで互いの理解を深めることができるのではないかという強い思いに駆られた。

　さっそく国語の時間に詩集『のはらうた』の中から何編かの詩を読み合った。それは,お互いをわかり合う喜びを共にしたひとときであった。

① 生徒の実態

　住之江養護学校は知的障害養護学校である。高等部3年生は40名余りで国語,数学,理科,社会は,発達段階別に5グループ編成をしている。詩の取り組みをしたグループ（9名）は,発達段階の一番高い班である。能力が高いと言っても競争・選別・管理などの渦の中で,自分や他者の値打ちが感じられず,諦めや不信感などで無気力になってしまうことが多く,さまざまな問題行動も見られる。子どもたちは,お互いに対して関心をもっているものの特定のグループで固まることが多く,全体として仲間意識に欠けている。

② 実践「のはらうた」を読む

T	みんなは,「だれかに似てるね」と,言われたことがありますか。
Cたち	（顔を見合わせている）「先生から○○（映画の子）に似ているって言われた」「言いたくありません」
T	先生は,夏休み中に「のはらうた」という詩を読みました（本を見せる）。わくわくしながら読んでいったら,いろんな人を思い浮かべてしまいました。

C	だれなん，それって，生徒のこと？
T	生徒もいたよ。ほんと。
C	先生，読んで，読んで（ざわめく）。
T	じゃあ，読むよ。

（T：教師，C：子ども）

「てれるぜ」
　　　　かまきりりゅうじ

もちろん　おれは
のはらの　たいしょうだぜ
そうとも　おれは
くさむらの　えいゆうだぜ
しかしなあ
おれだって
あまったれたいときも
あるんだぜ
そんなときはなぁ
おんぶしてほしそうな
かっこになっちまってなぁ
…………
てれるぜ

（工藤直子『のはらうた』（童話屋）より）

③　生徒の様子

　最初の「かまきりりゅうじ」の詩を読んだ途端，大爆笑が起こった。「先生，これ，大地君やろ」「似てる，似てる」「そっくり」の声。ねらいどおりだが，あえて聞く。

　「明君はどう思う？」「そりゃわかるやろ。大地そのもんや」そう答える明君の顔が少しほころんでいる。「宏君は？」と聞くと，「大地君と思います」。全員が大地君だと思っていることがわかった。

　大地君だけが宏君のことばにけなされたと思ったのか，「失敬な，君にだけは言われたくないね」と言うと同時に宏君の顔を叩きに行こうとした。すると万里さんが，「大地君にはかまきりりゅうじみたいなところあるよ」とぴしゃり。「言い方とか，ちょっと照れるときとかね」と花江さんも続く。「かまきりりゅうじ」のキャラクターについては，「強がっている」「元気」「ちょっと甘えん坊」などの意見があった。

　それらの感想の中に，肯定的な評価を感じとったのか，大地君は「似てるというのか。ふうん，そうかね」とまんざらでもなさそうな表情になった。柔らかい雰囲気が生まれた。

「先生，まだあるんやろ」と催促されて，詩集から抜粋コピーしたものをみんなに渡す。
- まっすぐについて…………いのししぶんた
- 「あらよっ」のとき………こりすすみえ
- こころ………………………からすえいぞう
- よるのにおい………………こぎつねしゅうじ
- はきはき……………………みのむしせつこ
- こんにちは…………………ひまわりあけみ
- おいわい……………………にじひめこ

3時間をかけてこれらの詩を読んだ。生徒からは「この人はこういうキャラクター」「○○（子どもの名前）のイメージ。そのものじゃないけれど」「気持ちわかる」など思い思いの意見が出た。

待ちきれず，「ねえ，私は何に似てるん？」という質問も出る。本人にとって肯定的イメージをもてるものを紹介した。『のはらうた』にないものは，他の工藤直子さんの詩集の中から選んだ。

④ 実践のまとめ

高等部の生徒は，ひらがなの多い教材を嫌う。幼稚だと思うようである。だが『のはらうた』ではそのような感想はいっさい聞かれなかった。子どもたちは，どっぷりと，『のはらうた』の詩の世界に入り込んだ。のはらの仲間たちの勇ましそうに見えて実は心細かったり，明るさのうちに弱さや寂しさを抱えていたり，だからこそ勇気をもとうと頑張ったりする姿に共感したのではないだろうか。淑やかさに秘めた大胆さに励まされたのかもしれない。いろいろな思いや願いを自分のものとして体験したのではないかと思う。

あくまで授業の中だけの限定ではあるが，のはらうたの仲間に似ている友だちを理解したのではないかと思う。似ている。でも，違うところもある自他を理解する鍵を見つけることになったのではないだろうか，と前田先生は結んでいる。

前田先生は，授業者の楽しみは，生徒が教師の意図を越えていくことだと語っている。『泣いた赤おに』（浜田廣介作，偕成社）を生徒が読む中で，「他者の気持ち」に触れていくことで「青おに，えぇやつやなぁ」と感慨深げに語った生徒から，人を深く理解していく様子が報告されている。

このように教科「国語」で，「自分を理解するために他者から見た自分を受け止める」実践は，きのかわ支援学校（和歌山）世儀景子先生の国語実践「みんなでつくるみんなの詩」（船橋秀彦他編（2000）『障害者の青年期教育入門』全障研出版部参考）がある。その中で，谷川俊太郎の詩を学ぶことから発展し，生徒一人ひとりの詩をみんなで創ることに取り組んだ。そこには，授業のねらいとして「自分や他者をみつめ，その思いをみんなで出し合うこと」とある。取り組みの中で，青年たちは，感じ方が違う他者を発見したのではないだろうか。

(3) 高等専修学校専攻科における実践

① 高等専修学校に専攻科設置

やしま学園高等専修学校本科には，知的障害や発達障害など多様な障害のある生徒が在籍している。これまで就職させることを大きな目標として取り組んできたが，就職した生徒の多くは大人の思いとは裏腹に，我慢に我慢を重ね，言いたいことも言えず，嫌々働き，結果として孤立し退職した。本科の卒業期にやっと学校生活で自分が発揮できるようになった彼らは決して今すぐに働きたいわけではなかった。2003年，本科で「ゆっくり，ゆったり」過ごした生徒の，「仲間と楽しみたい」「もっと学びたい」という思いをさらに深め，「豊かに生きる」人間に育ってほしいと教育年限の延長として2年間の専攻科を設置した，とやしま学園高等専修学校谷口充校長は語っている。授業カリキュラムは以下のとおりである。

② 授業カリキュラム

	月	火	水	木	金
1	国　語	計　算	体育／社会	国　語	総合学習A
2	数　学	漢字／英語	テーマ研究	数　学	総合学習A
3	グループ学習	経　済	テーマ研究	生　活	総合学習B
4	グループ学習	経　済	L・H・R	生　活	総合学習B

③ 人との関係を育てる実践

やしま学園高等専修学校専攻科担当の関戸優子先生は専攻科での実践を以下のように報告している。

特に「人との関係を育てる」ことに視点を置いた学習は，「グループ学習」「生活」「特別活動（特設）」である。

「グループ学習」では，余暇を充実させるために，生徒を3班に分け生徒自身による企画運営をさせている。活動内容は自由で学校の外に出るのもよし，学校内で何かをするのもよし。食べるのも，作るのも，遊ぶのもよしである。とにかく班で話し合うことから始め，意見を出し合い折り合いをつけ，生徒が役割を決めて，みんなで楽しむこととしている。

「生活」では，生徒の生活年齢18～20歳に密接した授業が大切と考え，「調理」「地域（学校）」「地域（地元）」をテーマにして取り組んだ。グループに分かれて，話し合ってメニューを決め昼食づくりの調理に取り組む中で，指示されないと何をすべきかわからない生徒が回を重ねるごとに少しずつ自分から動き出し始めた。「地域」においてもどこに行くか話し合いが始まる。あるグループの取り組みの様子を以下に紹介する。

話し合いの末，学校から1時間以上かかる和歌山の新興住宅地に行くことになる。決定後，

第4章　教科学習を通して人と関係を築く力を育てよう

2回の学習は下調べをする。案内することになった生徒は自分が経験した知識をふりしぼり，昼食を食べる店はどこがおいしいとか安いだとか，近所にどんなものがあるかということを他の生徒に説明する。案内してもらう生徒は，連れて行ってほしい場所や興味のある店をリクエストしたり，インターネットや情報誌で何があるかを調べたりする。いろいろ質問され答えられないことも多々あった。話し合いの中で電車の乗り換えをインターネットで調べ，一番安い行き方，所要時間も調べみんなで相談した。いろいろ決まったところで，保護者宛てに校外活動のお知らせを生徒が作成した。当日は，いろいろなハプニングもありながら無事に帰校し，後日，活動した生徒全員で活動を振り返りまとめた。

「特別活動」の集大成として卒業旅行（参加者は全員20歳以上）に取り組んだ。ここでも，宿，交通手段，観光，旅行社との相談など全て生徒たちが行ってきた。「みんなでお酒を飲みたい」ということで2泊目の宿で宴会をしてカラオケをしたり，話したりする姿は，それぞれが青春を謳歌している姿であり，その姿は，自分の学生時代と全く同じであった。

関戸先生は次のように結んでいる。

「自分」と「仲間」とのつながりができあがる青年期に，人との関係を豊かに築くことが，その後の社会生活を営む上で最も大切なことであろう。

第5章

自分を知り，成長するための授業づくり

1　仲間との信頼関係を支えに自分を知る

(1)　自己の成長を見つめるHの目

①　後輩のトラブルを仲裁してのひとこと

　新学期が始まって間もないある日の放課後，H（17歳・見晴台学園[1]高等部2年生）が勢いよく職員室のドアから飛び込んできた。新入生のSとIが学園からの帰り道の公園でもみ合っているので来てほしいと言う。数名の教員が慌てて様子を見に行くと，2人はそれぞれ興奮して落ち着かない状況だ。「謝ったのに許してくれないから」と一方的にしゃべり続けるI，無言で唇を噛みしめ気持ちを抑えているS。学園に戻り話を聞いてみると原因は携帯電話のアドレス交換のちょっとしたすれ違いだった。

　知り合って間もない2人は互いのこともまだよく知らないまま，距離感のない接近を朝から続けていた。体を近づけじゃれ合う様子に早晩どこかで衝突するのではと心配したその日の放課後，友だちとのアドレス交換の経験など今までしたことのないSが慣れない手つきでIのアドレスを登録しようと入力操作をしていた。Iはその手元を覗き込み「まだできないの？　まだなの？　遅いな」。悪気はなく，早く終えて帰りたい一心で言葉を発し続けた。Sはイライラが限界に達し途中で入力していた手を止めてしまう。Iにしてみればさっきまで仲よく話していたのにどうしてSが態度を急変させたのかがわからない。「もううるさい！　お前のアドレスなんていらない！！」「えー，どうして。ごめんなさい。ごめんなさい。謝るから許して……」帰り仕度を始めたSに追いすがるように謝り続けるI。そんなやりとりの末のトラブルだった。

　2人に話を聞く様子を遠巻きにうかがうHの視線が私には気になった。事の顛末を見守るようでもあり，また私たちの対応を試しているかのようなそんな気配すら感じたからである。なんとか落ち着きを取り戻し，再び帰り支度をする2人を見送りHは唐突に語った。「わかる気がするんですよ。自分のことがよくわからなくて困ったことになってしまう，昔は自分もそういうときがありましたからね。」

②　中学での辛い体験を経て見晴台学園入学

　Hは中学校1年時の半年の不登校を経て2年生の4月見晴台学園中等部に入学した。Hは

第5章　自分を知り，成長するための授業づくり

　幼児期に広汎性発達障害の診断を受け小学校4年生まで障害児学級，5，6年生は通常学級に在籍した。学習面にさほどの遅れはないものの，興味関心の偏り，社会性の乏しさから子ども同士の関わりがもちにくく，たびたびいじめにもあっていた。中学入学に伴う環境の変化への不適応も手伝い，生徒間でコミュニケーションの行き違いからしばしばトラブルを起こす。その際，自分の主張が受け入れられず一方的に非難されたとHは受け止め，教師への不信感を募らせた。納得できない気持ちがストレスを増加させ，メンタルクリニックで投薬治療を受けるほど精神的不安定な状態が深刻化した結果，元の中学校への復帰は難しくなった。

　そうした経緯もあってHは学園入学後も毎日決まった自分のペースを頑なに守り通していた。急な予定変更は受け入れない，放課後は即帰宅する，あるいは約束の時間になればどんなに作業が途中でも切り上げる，授業の課題をやり残さないように内容よりも時間内で仕上げて早く提出し終えようとする，土日に出校日を設定しても「私は休みの日に家でしっかり休息しないと疲れがたまるので……」と穏やかな口調で固く拒否する，という徹底ぶりだった。

　私たちは入学時の発達診断の結果から，彼のそうした時間へのこだわりや融通のきかなさが発達障害に起因するものだと受け止めていたものの，時と場合によっては扱いにくく感じることもあった。しかし生徒同士の間では「先に帰るけど，ごめんなぁ……」と人当たりよく相手の感情を損ねないように自己主張するHのペースは許容され，中等部時代の彼は自分の生活パターンを崩さないことで毎日を安定して過ごしていたのだった。

　そんなHが唯一友だちの誘いを受け入れ不得意分野に挑戦した活動があった。それが学園祭みはらしだいまつりでのステージ企画の取り組みだった。

(2)　友情を支えに不得意な活動に挑戦

①　学園祭でのステージ企画への葛藤

　見晴台学園で迎えた中学3年の2学期，Hはクラスの仲間と一緒にそれまで一度も試みたことのないチャレンジをする。学園祭のステージ企画で人気グループ「羞恥心」の3人に扮して歌い踊るという出し物だった。当時Hは同学年のK，Tと大好きな電車やテレビの話題で盛り上がり，誰が欠けても寂しい気持ちがすると自他ともに認め合う関係だった。学園祭のステージで「羞恥心」を歌って踊るというのはそのうちの1人Kの発案であった。

　実は，前年度の学園祭でもHはKに誘われて落語の小噺を発表している。落語という未知の分野でありながら得意の記憶力と朗読の力を活かす楽しさも手伝ってHは短い小噺を見事にやり遂げ，大きな拍手を受けたのだった。Hにしてみれば，その心地よい記憶があったからこそ今年もKと一緒に落語を発表すればいいのだと，安心できるパターンを思い描いていた矢先に想像もしていなかった提案を受けたのだから戸惑うのも仕方のないことだった。

② 考えた末の決定

　ぜひとも3人での「羞恥心」を実現させたいKは熱心を通り越し執拗にHに誘いかけた。Hは戸惑いながら，それでもKの気持ちを損ねないよう，やんわりと拒絶する。冒頭に紹介した新入生たちのように直接衝突しなかったのは，K，Hそれぞれが相手の気持ちに理解を示せたからで，「羞恥心」について「君の意見はわかるけれど，できるならばそれよりも自分の気持ちに賛同してほしい」と言うHとKの間で話は進展もせず，止まることもなく連日繰り返されていた。Kが2学期を振り返った『評価票』からその頃の様子を見てみる。

>　やっぱりHはメンバーに入ってくれない。「なあH，これが中等部3年生の3人で祭のステージをやれるのはこれが最後かもしれないんだから，一緒にこの3人で『羞恥心』をやってくれないか」こんなお願いを何度もしたが返ってくる答えは「まあ考えてみますよ」しかなかった。こんな会話が毎日続いた。僕がHを羞恥心のグループに入れたい理由は，羞恥心をやることに意味があるのではなく，中等部3年生の3人で羞恥心をやることに意味があったからだ。（中略）しかし，ある日奇跡のような出来事が起きた。ある日の昼食の時間に，Hが「本当に俺に野久保役をやってほしいですか」と言ってきた。これはもしやと思い「本当にやってほしいよ。前から言ってるけど，この3人で羞恥心をやることに意味があるんだからさ」と言うと，「わかりました，やりましょう。では先生に知らせてきますね」と言った。（『見晴台学園2008年度2学期評価票』より）

　職員室に入ってきたHは笑顔で「先生，よいお知らせがあります。私『羞恥心』をやることに決めました」と言うのだ。私も内心ではKたちと一緒にやってくれることを心待ちにしていたが，この突然の快諾はまさに晴天のへきれきであった。「ああ，これが考えた末の彼の返事なのだな」と嬉しく思ったものの，Hにとっては見通しの立たない決断なだけに学園祭本番までの約1ヵ月がこのまま順風満帆には行かないだろうことを覚悟したのだった。

③ 信頼できる仲間との本音のやりとりで不安を乗り越える

　さっそく1週間も経たずにHに異変が起きた。4月から無遅刻無欠席を続けていた彼が突然2日間休んだのだ。実は，Hがメンバー入りに同意した日からのKとTの喜びようは半端ではなく，それから連日朝練習，昼練習，放課後練習が続いたのだった。念願のメンバー3人が揃い嬉しくてたまらない2人はやる気満々でHを引っ張りまわす。一方のHはやっとの思いで決心した途端，いきなりテンションの高い練習に付き合わされた。早晩何かが起きるだろうというこうは予測できた。そして，中学1年時の不登校の経緯を知っていた私は，ストレスに起因する欠席が長く続くのではと心配になった。

　幸い電話で連絡を取り合うことができ，数日後に登校してきた彼は私にこう切り出した。「先生，最近，どうも体調が優れないんです。家でもいろいろ理由を考えて，親にも相談し

第5章　自分を知り，成長するための授業づくり

たんですが，思い当たることといえばアレしかないんです。」アレ……すなわち「羞恥心」を引き受けたことがこの状態の原因だと彼はわかっているのだった。「そうだね。僕もそう思うよ。で，どうする？　無理をしないでやめてもいいんだよ」「いや，それはないです。自分で決めたのだから。ただね，あの2人のテンションについて行くのがなかなかしんどくて……。」

私とHは正直に2人にそのことを伝えることにした。KとTに対し，Hは本当にやりたいと思っているが慣れるまでには少し時間がかかるので，相談して練習プランを立てようと持ちかけた。その結果，1週間はHのリハビリ期間とし3人揃っての練習はその間1日1回にする，KとTは自主的にどれだけ練習してもいいこと，などを確認した。Tも聞きなれないリハビリという言葉に口ごもりながら，「Hはリバリビでいいからな，リバリビで。無理すんな」と精一杯の気遣いをしてくれるのだった。

この1週間でHの気持ちがすっきり整理できたわけではなく，次の週ももやもやした様子を引きずっていたので無理はしないでおこうと話し合った。その際にH自身が「ほんとごめんな，でも学園祭の1週間前には絶対間に合わせる。ちゃんと覚えて一緒にやれるようにするから」と正直に胸の内をさらけ出してくれたことで，Kたちは信頼して待つことができた。

あれほど執拗に勧誘していた頃が嘘のように，Hを焦らすような言動がまったくないどころか，その他の場面では普段通りの仲のよい3人であり，授業や他の活動にもいっさい滞りがなかった。自分の気持ちばかり押し付けてはいけない，KにとってもHにとっても相手の気持ちを尊重することを学ぶ貴重な経験だったと思う。迎えた学園祭当日，3人は大きな拍手を受けてステージに立つことができた。

（3）　高校生として，新しい自分を知る

①　1年後の学園祭―それぞれの自己実現のための授業―

1年後，見晴台学園高等部に進学したHとKは新しい仲間とともに高校生として学園祭を迎えた。落語の高座，「羞恥心」のステージに続いてKはギター演奏にHを誘った。だが今回のHはKの誘いを最後まで受け入れない。それはKを拒絶することではなく，自分の意思を大切にした活動を互いにしてみようという自分とKに向けたメッセージだったのだ。頼りのHに断られたKは一度は挫折するものの，他の仲間や教員とのバンドづくりに方向を変えて新しい演目でステージに立ち，彼なりの自分に課した課題を実現させた。

一方のHは高等部に入学してから積極的に自分らしい高校生スタイルを求めるようになっていた。髪型や服装への意識をもち始めたこと，1学年上の先輩たちとの放課後のマラソントレーニングへの参加や，休みの日に誘われてスポーツセンターへ出かけるなど，明らかに中等部時代の自分からのステップアップを意識している様子だった。

こうして1年前の経験を学園祭以外の場面にも広げ，新しい自分のスタイルを模索してい

たHが，Kの誘いを受けずに今回の学園祭で取り組んだこと，それは裏方の準備の仕事を一生懸命やってみることだった。学園祭では例年有志の生徒たちが当日会場に飾る竹製のはりぼてを製作していて，おしゃべりを楽しみながら連日遅くまで作品づくりに没頭し，居残りをするようになる。中等部だった前年までは，日増しに完成に近づいていく様子を遠くから眺めているだけで，決まった時間の決まった電車で帰宅していたHが，「高等部になったので私もお手伝いさせてください。何をしたらよろしいですか？」と，先輩たちの輪に入ってきたのが新鮮だった。これがKの誘いに対する彼の答えだったのだ。

> （前略）　初めてはりぼて作りを手伝って，自分は放課後遅くまで残れるようになったと思った。中等部時代は授業が終わったらすぐに帰るタイプだった。しかし今年になって段々放課後学園に残る時間が多くなったと思う。やはり学園で楽しむことが増えて自然と残れるようになったのだろうと思う。（中略）はりぼて作りはいわゆる私の成長の第一歩だったのかもしれない。学園生活の中で放課後という時間が楽しいと感じれて本当に良かった。（『見晴台学園2009年度2学期評価票』より）

② 初めての授業―不器用な自分と真摯に向き合う―

　ある日の午後，音楽室の扉の前でドラム演奏の個別レッスンを待つMがいた。この日高等部2年生になったHとMは初めてドラムレッスンを受けるのだった。「Mさん，ドラム，うまくやれそうかな？」「やったことないしわかんない。今H君がやっとるけど，きっと緊張してると思うよ」ドアのガラス越しに見えるHはスティックを振る手もぎこちない。リズムをとるうちテンポがずれていく。以前のHは，この思うようにならないもどかしさが受け入れられなかった。一生懸命やってるのに笑われる，馬鹿にされる，そんな評価の低さが自分が理解されていない辛さとしてのしかかってきた。でも，今回はドラムをあせらず頑張ってみようと思っている。いつものおしゃべりを封印して臨んだ20分の個別レッスンを終えたHは「ふうーっ」と大きく息を吐いて音楽室を出ていった。

　中学校で，そして学園の中等部から高等部に進む過程で，幾度も自分と向き合ってきたHだからこそ，SとIが互いの間の距離感がつかめないままぶつかり合った場面に自分の姿を重ね，私たち教員の対応も含めて事の行く末が気になったのだろう。「今回は後輩たちの仲裁をしてくれて助かった。中等部の頃のこと，思い出すね。」私が話しかけると，「そうですねぇ。まあ，そう思えば自分も成長したってことですかね。」Hははにかんで目を細めた。

2　自己評価を成長につなげる

(1)　生徒，親，教師の3者で綴る『評価票』

　前記の実践例に囲みで紹介した生徒たちの文章は，見晴台学園が毎学期の終わりに作成する『評価票 "Let's see how much you achieved !"（どのくらいできたか見てみよう！）』からの抜粋である。

　見晴台学園に入学してくる段階で，ほとんどの生徒は周囲からの「できなさの指摘」や「他人との比較」による負の評価を背負っている。発達障害に起因する困難さが背景にあることが広く知られるようになってもなお，適切な理解，支援を受けることができず，自信をなくし自尊心の傷ついたいわゆる二次障害に苦しむケースも多い。

　『評価票』では，生徒の努力やがんばったことを，本人はもちろん，保護者，教師がそれぞれの視点で文章に書き，1冊の記録として綴っている（50-51頁参照）。ねらいは，「良いところ」を見つけ，「ほめる」評価をすることで不安な気持ちを丸ごと受け止めていくこと。そして，生徒を中心に保護者，教師の3者の視点から日々の教育活動を協同の取り組みとしてとらえていくことにある。

　私たちのノルマは文章の8割を「ほめる」ことに費やすことだが，そのためには生徒の育ちを見通した教育目標を作り，彼らが力を発揮し活躍できる授業や行事活動を展開しなくてはならない。

　次に紹介する事例では，日々の自分を『評価票』のたびに客観的にとらえ，励まし，次への目標につなげながら一歩ずつ成長していく生徒の姿を紹介する。

(2)　自信を失い小さくなっていたF

　F（17歳）は今春高等部3年生になるがっしりした体躯のよい男子生徒だ。彼は入学時のことを次のように振り返っている。

　「あのときはもう後がない状態だった。普通高校も高等養護学校も無理と言われ，高校浪人も考えていた。学園のことはとにかく家から遠いので，それが心配だった。でも，授業を見学したらクラスの人数が少なくてとても安心した。その頃の自分は，人の目が怖かったので。」

　Fは小学生の頃から市の相談センターに通い，学校生活の相談を受けていた。診断名はアスペルガー症候群。知識力は高いが，周囲の刺激，音や他者の話し声，自分には無関係の話

Let's see
how much
you achieved!

評価票

2008年度 3学期

高等部本科 1年 ＿＿＿＿＿＿＿＿

見晴台学園
学園長 藪 一之

担当：永吉 輝美

今学期の主な取り組み

1月
1/8　　　3学期始業式
1/26　　 成人を祝う会

2月
2/5～2/7　　 スキー旅行 in 栂池高原
2/9～2/10　　スキー旅行代休
2/22　　　　 クラブ発表会
2/23　　　　 代休

3月
3/3　　　調理実習
3/8　　　卒業式
3/9　　　代休
3/13　　 修了式
3/26　　 本科クラス企画
　　　　 洲原公園花見と大観覧車

選択一覧

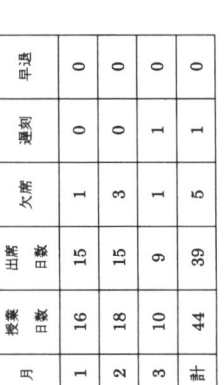

クラブ：鉄道観光
数　学：鬼頭クラス

出席状況

月	授業日数	出席日数	欠席	遅刻	早退
1	16	15	1	0	0
2	18	15	3	0	0
3	10	9	1	1	0
計	44	39	5	1	0

第5章 自分を知り，成長するための授業づくり

教師の欄

一年の中で一番短いのが三学期ですが、とても充実した時間を過ごすことができました。また、クラスの団結も高まり、クラスの中でしかしたりというときも自然と役割分担ができていましたね、それだけ仲間のことを知り、理解できたのだと思います。こういう仲間をこれからも大切にしていってください。

今回、この評価票を書いているときに、この一年間の君の成長をとても嬉しく感じることができました。
今まで、文章を書くことが得意は君はは出席時間のかかり大変な作業となっていました。しかし今回はいつものように書きのびともっとも、削ることを前提にしていて、途中でこれからこそドンドンに応えてくれるように変わっていました。おかげで自分の見たこと、そして中で言葉に見直してその評価票に対応していきました。この一年間の評価票を参考にまた最後まで自分で評価することは、自分の成長を自分で解決してくれるとわかります。

初めての学園でのスキー旅行はどうでしたか？楽しかった時も多く、また苦しかった時もありました。心配だった気分も乗らず苦しい時間もあったとか、とにかく無事帰ってこられ安心しました。坂を滑ることができたのはもちろんですが、誰でもそんなに簡単に滑れるようにはなりません、私もあの歌詞をとても気分にしていました。

さて4月からは2年生ですね。2年生ですから後輩も入ってきます。君は観察力はとても素晴らしいものがあります。クラスメイトを紹介かす歌詞をどんどん考えてください。君が近い身近に先輩だってくれるといいいです。やりたいこと、やらなければならないことがどんどんあふれる2年生になってくれることを私は期待しています。

親の欄

はじめに昨年の4月から今年の3月までを振り返ると、お前も私も色々なことがよくがんばったと思う。見晴台学園という全く情報も存在そのものも知らなかったところへ、度胸を決めてここに一人で飛び込んで来てくれたおけで。最初のころの戸惑い、不安、お前がいまで学園生活を続けられるか、ついに一年間通ってしまった。これは、どんなにたとしたか、本人やりがなかった。中学校時代あまり友達と遊ばなかった、生きていれば、嫌なことをもあった、でも楽しい事も有る、人間教育を受け、得意の記憶力が役に立ち、鉄友お世話になり、鉄道クラブに入り、鉄道クラブにも立ち、学友やも生とと公共交通機関を使い、いろんな所へ出かけ、いわゆる小旅行である。そういう経験を出すとなかなか出来ないので、今のうちに大いに楽しむと良いと思う。

なお本科2年生になると、一年の時のような友達と遊ぶ嫌感が少し薄れ、中だるみする傾向にあるので、2年生になっても良い緊張感を持って後輩たちの見本になるように頑張って欲しいと、お父さんは願っている。

生徒の欄

自分自身、3学期はまとめ、総合の活動の学期だな、と思いました。授業なの内容は中学時代よりもかなり濃いもので、またとつまっている実感がありました。2学期から葉梅した時の仕方が大事になってきました。春休みにマラソンが終わり、起きているのは自分がつぶれているからお前と聞いた時からいました。朝起きた後のマラソンは見事に続けて、放課後も走り続けました。春日井まで走り続けた体重は5kmほどに減っています。またプエスト、クラブ活動、冬休みと続く間もは2学期、見晴台学園の集中授業・コメント、その後の小休の作成しポートの作成・見本物レポート・完成を失つい、なんとか2学期の終業式まで引っぱりました。写真添付、鉄道クラブでは路線図、メモリアルボードを目指しています。資料、情報の取得、また今、普段から自分も取り始めました。ラブはほのぼの一年、ラブ活気にしました。

りぬけど、3学期で学園でラブの授業数量のは学期の多い穴埋めの必死の勉強の応用問題に解けて、1年の目標の「1年で穴を男の穴埋めに成功しました。女化穴から、人文化の授業をしている「1日日日の文化文化の感じ、運動部からでは、その発表のシステムをは押しでくれ、全体的した見晴台学園の授業がすれてにとてもの榊満足を解消ではくれたのか。2学期には、言語の数理にとに没こもにしそ立つ、遠い自分はた部分は忙しい時間で30分遅くて、人にほめれる時もあった。夕方、実力が多かったの3日数えでも、時に楽しいと数えて、女性が多くすれかもしれない、欠席がある日自が多かったので、自分の問題にしてばし、欠席があれないように遅刻しない！多刻、欠席はしないように「たから欠席はする」という目標、欠勤点減し、次席にする。

また、2年生の目標にする。

題や議論などすべてに対し過敏な身体症状があり，特に中学校に入るとそれが原因で学校生活を続けるのが難しくなってきた。教室で授業を受けられず1日の大半を図書館で過ごし，同時期に一番の理解者である母親を亡くしたことから，ますます自分の殻に閉じこもるようになってしまった。母が遺した「せめて学校には毎日行ってほしい」という言葉を守りたくて不登校にはならなかったが内申点はオール1だった。私立高校受験を勧められたが前向きに考えることができず，高等養護学校も見学に行くが職業訓練に耐える自信がなく，本人も親も自分の適性に合っていないと思ったため進路として志望できなかったのだった。

6人の新入生の1人として見晴台学園高等部に入学した彼の最初の課題は毎日登校することであった。中学校時代の無気力な生活に慣れてしまった彼は気力も体力も極端に弱っていて，自宅からバス，電車，地下鉄と乗り継いで1時間半かけて学園に到着する頃にはへとへとに疲れ果て，授業中は寝ていることのほうが多かった。疲労が溜まるのか週末になると登校できなくなる日もあり，それが原因で親子喧嘩になってしまい，家庭でも気まずい思いをするのだった。

Fは周りの出来事に過敏に反応してしまう傾向が強く，「他人にとってはそっと叩いたくらいのことでも，自分にはバットで叩かれたような感じがしてしまう」と自分が受ける感覚を私に説明してくれた。確かに私が他の生徒に向けて注意するよう投げかけた言葉を，何の関係もない彼が自分に言われたかのように感じてしまい，机に顔を伏せたりオイオイと声をあげて泣き出してしまうこともあった。感受性とその反応の両面においてまさにガラスのような繊細さを見せるので，しばらくの間はクラスの生徒たちも私も腫れものに恐る恐る触れるような遠慮がちな関わりになっていた。しかし誰より彼自身がそうした自分への対応に毎日苦しんでいたのだった。

少人数の集団とは言え，発達障害をもちさまざまな課題や困難さを抱える生徒たちが集う学園には，彼を過度に刺激する"声"や"行動"が氾濫していた。中学校と違って狭い校舎には独りが保障されるスペースも少なく，また私たち教師との関係づくりも始まったばかりだった1学期は，教室で，あるいは授業で彼が頑張る場面をつくることはどうしても厳しかった。

そこで，1学期はFが毎日登校することそのものを目標に設定してみることにした。疲れると休んでしまう悪循環も，体調が伴わないときは無理をしないで休み，翌日のために備える。そのことは必ず私に連絡をして「学園へ元気に行くために前向きに休みを取る」過ごし方を奨励した。休み明けにスッキリした表情で登校できた日は「休んでよかったね」と欠席をほめる。そんなことを繰り返し，次第に学園生活のリズムが整い始めると少しずつだが本来の彼のよさが見えてくるようになった。

キックベースでは中学の体育では邪魔ものにされていた自分が主軸となって予想外に活躍できた，と自分を見直し自信をつけた。また，鉄道や路線図に興味があったので「鉄道クラ

ブ」に入ると、仲間と一緒に駅舎や電車の写真撮影に出かけ、資料や情報を集める楽しさを見つけるようになった。こうして学園の授業や取り組みの中に、彼が積極的に参加できる活動が増えていくのだった。

> 言語と数量では中学2・3年の基礎の勉強の穴埋めができた。造形ではこれまでド下手だった絵が1年経つにつれ、どんどんうまくなっている感じがした。音楽では、元々あるリズム感を、運動文化では、その競技のテクニックを自分なりに発揮できた。全体的に見晴台学園の授業は、「これまでの積み足しになった」のではなく、「これまでの不足を解消できた」というほうが正しいと思っています。(『見晴台学園2008年度3学期評価票』より)

(3) こんな運動鈍感男ができるのか？ ―新しい自分の発見―

2学期になって、学園祭に向けての"はっぴ製作"が始まった。新入生は先輩たちとは異なる自分たちの色、柄の生地でお揃いのはっぴを着て学園祭に参加するのだが、一番の難題は自分のはっぴは自分の手で縫い上げなくてはならないことだ。手先の器用な生徒は少なく、皆悪戦苦闘するのだが、Fは細かい作業が得意で停滞気味のクラスメイトを横目に意気揚々と針を進めていく。

ところが何かの拍子で余計な刺激や情報が気になると、もうそこから手が止まってしまう。そして、そういう自分を責めてはさらに作業が進まない負の連鎖を起こしてしまうのだ。しまいにはそんな自分が情けなくなり、涙と鼻水まみれで泣き出してしまう彼をどう支えたらいいのか私たちにもわからなかった。なだめたり、気持ちの切り替えのヒントを伝えたり、ときには檄を飛ばしたりしてみたが、かえってそれも彼を責めることになってしまった。ひどいときには1日中床に寝転がり、頭を床や壁に打ちつけ続けた。クラスの生徒たちも仲間としてどのように接していいのかわからない状態だったが、それでも決してFを責めることはせず、彼が気持ちを切り替えて落ち着けるまで黙って見守っていたのだった。

こうした生徒たちの反応はFへの信頼から生まれたものだった。相変わらず気持ちの浮き沈みはあるものの、自分にできることは真面目に取り組み、得意分野ではクラスをリードするようになってきた彼の変化にクラスメイトも気付き始めていた。「最近、Fって"没る"時間が短くなったよね」と。"没る"とはFが落ち込んで何もかも手につかなくなる状態を指す言葉だ。あまりよい表現ではないが、しかし使っている生徒たちには、今は没していてもかならず時間がたてば自分から浮かんでくる、Fというのはそういう人間なんだという妙な信頼があり、言葉そのものもどこかユーモラスでやさしさを含んだ言い回しだった。

あるとき、同じクラスのAがFに声をかけた。「俺の（マラソン）練習に付き合ってタイム

を測定してくれないか？」Aは市民マラソン大会に参加しようと毎日放課後1人で学園の周りの路上を走っていた。声をかけられたFは「こんな運動鈍感男がタイム計測？ できるのかな？」と戸惑いながらもやってみることにした。鉄道クラブに入ってから彼は地図や鉄道への興味が再燃し，ノートに地下鉄や電車の路線図を色分けをして丁寧に描くようになった。これらの情報はすべて彼が記憶しているもので，資料をいっさい見ることもなくサラサラと用紙いっぱいに収まる構図で描いていくのである。一度通ったことのある道は交差点名まで正確に覚えてしまう彼の特技がAとのトレーニングで存分に発揮されることになった。

　FがAのために作ったノートには2人で一緒に考えたトレーニングメニューやコースが丁寧に記録されている。練習が単調になってAが飽きないように走行距離などもきっちりと調べ，複数の走路を設定するなどタイムを記録することはFにとって楽しい作業だった。走るのは苦手なFだが，自分が作成したコースを毎日Aと並んで自転車で伴走をするのは心地よい疲労だった。

　充実した練習がときにはうまく進まない日もあった。実はパートナーを得たAも走ることの他には自分に自信がもてず，風邪をひくと練習ができないからバスや電車の混雑した車内で咳をされるだけでイライラしてくる，雨が降って予定の練習ができない穴埋めをどうしたらいいか1日中それだけで頭を抱えこむ，そんな生徒だった。そういう辛さが痛いほどわかってしまうFなので，自分が疲れたから，用事があるからと言って「今日のトレーニングには付き合えない」とAに言い出すことが辛かった。考えれば考えるほど動けなくなって，しまいには彼が頭を床に打ちつけ始めてしまうのだ。

　そのたび2人は教師を交えて何度も話し合った。そして一緒にやるのが楽しい練習をこれからも続けるために，Fはトレーニングに付き合えないときはAが違う練習を準備できるように早めに伝えること，Aは付き合いを無理強いしない，など互いに一定のルールを守ることを大事にしようと呼びかけた。2人で支え合い始めたばかりの，どちらかがバランスを崩すと共に倒れてしまう危なっかしい関係が，徐々に互いに相手の事情も思いやり，自分も困らない解決策をどうすればよいか，考えて実行できる強さへと変わっていった。

　11月，名古屋シティマラソンの練習が始まった。しかし，先輩とAで，次第に練習にズレが生じ，離脱することに。その時たまたま近くにいた僕に「今度はこいつに計測してもらう」えっ……？ こんな運動鈍感男がタイム計測!? と思いつつ，やってみることにした。ジョギングルートを作ってほしいと頼まれた。その日の帰宅後，いつも使うサイト「マピオン」でルートを作成した。翌日から練習スタート。LSDやインターバル走など，運動用語もAから教えてもらった。11月24日，名古屋シティマラソンの10kmスタート地点，Aも気づいたらしく，僕たちに大きく手を振った。Aのゴール後，「お疲れさん！ お疲れさん！」と激励した。現在は春日井シティマラソンへ向けて

第5章　自分を知り，成長するための授業づくり

> 「ジョギングとランニング」の日々が続く。(『見晴台学園2008年度2学期評価票』より)

(4) 小さな評価を確かな自信に換えて

　見晴台学園高等部に入学して2年，Fは学期を終えるたび『評価票』を使って「がんばれた」自分，「よかった」自分がいることを確かめて次の課題を目標化している。

> 入学してから唯一向上していない「根性」一年三カ月ほどたった今でも腐りっぱなしだ。「腐れ根性」さえなおせば，欠席は自然に少なくなると思っている。(『見晴台学園2009年度1学期評価票』より)

> 目標に「腐れ根性をなおす」とあったが，少しはなおったかもしれない。これまでの目標「欠席するならせめて遅刻」を通し，9月は遅刻2回，10月以降は無遅刻・無欠席を繰り返している。(『見晴台学園2009年度2学期評価票』より)

> "自力起床"を三学期は完璧とまではいかないが，ほぼマスターした。このリズムを本科3年でも継続していきたい。(『見晴台学園2009年度3学期評価票』より)

　この1年の『評価票』で彼は自虐的なキーワードでセルフコントロールの効かないときの弱い自分を鼓舞しながら，一貫して課題の克服を意識し書き続けた。『評価票』に細かい字でたくさん書くのが彼流で，あらたまって自分と向き合って書いた一言一言の重みは，同じ『評価票』に彼への励ましの文章を載せる教師と親にもずしりと伝わる。生徒たちが『評価票』に向かって自分のありのままの姿を見つめ返すのと同じく私たち教師も，彼らが力を発揮できる授業を展開できたかと振り返る。彼らの悩みや不安に寄り添い心を通わせることができていなければ一緒に『評価票』を綴ることはできないのだ。

　今でも弱い気持ちが顔を出し"没る"こともあるけれど，それが珍しいことのように感じられるほどFなりに充実した毎日を過ごしている。記憶力，手先の器用さのほかにも学園の授業に参加できるようになって発見したリズム感に優れているという長所が，ドラム演奏や合唱のラップのソロパートでの活躍にもつながり，自分を支える経験を増やすことになった。また授業中誰かが授業と全く関係のない関心事をもち出して，話を余計混乱させてしまうことがあっても，最近の彼は「はいはい，話を元に戻してー」と率先して声を上げる。情報や刺激に過敏に反応して辛くなる前に自分から状況が安定するように発言して雰囲気を変えて

いこうとするのだ。「みんなー，静かにしよう！」同調して他の生徒が声を出してくれるのが彼には嬉しいことだ。授業を楽しく受けたい，学園で自分らしく学びたいと思っているのは自分1人じゃない，みんなもそうなんだと思えるからだ。

　自分を知り，成長する力とはこうした仲間，集団に身を置いて，自分なりに精いっぱいの力を発揮できる活躍の機会や場所を得て獲得していくものだと私たちは考えている。そして子どもから大人への移行期にある彼らのために，学校を卒業した後も自分で自分を励まし支えることができるように，これからも充実した豊かな学校生活を保障していきたいと思う。

【注】

1) 　見晴台学園（愛知県名古屋市中川区）とは，LD・ADHDなど軽度の発達障害の子どもをもつ親たちが核となって，1990年4月に無認可の5年制の"高校"としてスタートさせたフリースクールである（2000年5月より運営母体は「NPO法人学習障害児・者の教育と自立の保障をすすめる会」として法人化）。その後，高等部の他に，義務教育期間の子ども（中等部），他高校の卒業後の青年（青年部）のクラスを設置した。「学ぶ楽しさ，わかる喜びを知る」，「少人数で一人ひとりが主人公になれる」教育実践を求めて以来20年間教育実践に取り組んでいる。高等部は，「基礎教養課程」の本科3年と，「職業準備課程」の専攻科2年からなる5年一貫の高等部として構成されている。

第6章

自分づくりのための進路指導

1　はじめに

(1)　アツヤ，デビュー

　ナガシマアツヤは多動気味で自己抑制がきかず，ひときわ目立つ生徒だった。小・中学校時代にもクラスでトラブルを繰り返し，「ADHDではないか？」と学校から何度も受診をすすめられていたようだ。彼は入学前の健康診断のときから，一面識もない子らを相手に，大声で下ネタを連発し周囲のひんしゅくを買っていた。授業中も落ち着きがなく，私語を繰り返し，およそ学習には身が入っていなかった。

　高校に入ってから「ヤンチャ」（非行問題行動）をすることを生徒たちは「高デ」（高校生デビュー）と呼んで軽侮する。アツヤも初めのうちこそいっぱしのワルぶっていたが，すぐに「高デ」であることが露見してしまう。すると一層躍起になって授業妨害や対教師暴言，喫煙など生徒指導問題を頻発し，そのたびに訳のわからない言い逃れを口にしては，筆者や生徒指導担当者を激怒させた。そして何度も特別指導（謹慎処分）を受け，6月以降にHR教室で彼の姿を見ることはほとんどなかった。

　アツヤは次第にクラスのみんなから相手にされなくなり，孤立感を深めていった。また声をかけてくれる数少ない級友に対しては尊大に振る舞う（自分より力の弱い者には態度を変える）ため，こうした「良識層」からも見限られていった。

　筆者の勤める私立高校は大阪府の南部にある。近年まで男子単学校だったが，「男子校不人気」で経営危機になり，6年前にコース再編（「グローバル（G）コース」「エキスパート（E）コース」「アドバンス（A）コース」「スポーツ（S）コース」の4コース）と共学化を行った。学力的には最も高いとされるEコースで「中の中」程度，あとの3コースは推して知るべし，という状況だ。アツヤが在籍したのは4つのコースの最底辺に位置するGコースの2組。

　生徒は大阪南部の深刻な不況と貧困の広がりを背景に，イジメや喫煙，窃盗などの問題行動や学力不振，不登校など中学時代からさまざまな問題を抱えた子が多い。またLDやADHD，アスペルガーなど軽度発達障害の生徒も少なくなかった。ただし，学校として特別

支援教育の必要性を認識し，十分な受け入れ体制を取っているわけではない。障害をもった生徒が入学してくることが判明すると，にわかに「教員研修会」を実施し，付け焼き刃的な対応策を講じてきたに過ぎない。実際は担任がその指導の最前線で苦悩し，手探りで実践を模索している（筆者自身もそんな担任の１人であった）。おそらくは多くの私立高校が同様の実態にあると思う。

　Ｇコースの生徒たち（当時は男子のみ）には，公立高「併願落ち」や転コース「回し合格」の子が多い。「（学力的に）男子クラスにしか入れなかった」ことで，彼らはその自尊心をぼろぼろに傷つけられ，自己肯定感を喪失し，他者への信頼感をもてずにいた。一方で，過剰に「男」を意識するためか，右翼，暴力団をはじめとする「力と支配」への「憧れ」など暴力文化の影響が色濃く表れている。「言葉より力」を求めるその姿に，教職歴20年余の筆者も指導すべき言葉を失い，立ち往生してしまうことがあった。

　今の高校生は親密圏の中にいる限られた「ノリ」の合う友人とは四六時中メールで，やりとりを重ねる一方，「圏外」の子には全く関心を示さない。同じ「クラス」（公共圏）という空間にいても，まるで存在していないかのように振る舞えてしまう。１年近くたっても「え，そんな子クラスにおったっけ？」などと平気で発言するケースも珍しくない。

　筆者は前任校（系列の女子校）での初担任以来，20年以上にわたって日刊学級通信を発行し，学級集団づくりの武器としてきた。そこにはいくつかのねらい（願い）がある。

1　これまでの学校生活で，学習でも部活でもスポイルされてきた生徒たちに，君たちはもっと一人ひとり大切にされていい存在なのだというメッセージを具体的な形として伝える。

2　日々の生活の中で子どもたちが見せる成長（がんばりや戸惑い，悩みなども含めて）を積極的に取り上げ，評価する。

3　担任や保護者，生徒たちの思いを書き綴り（言語化し），教室で読み合うことで相互に共感や理解を広げ，共同体的空間を生み出す。

4　「死ね」「ウザイ」「消えろ」など，関係を絶つ言葉が日常化する彼らに，人と人をつなぐ「ことば」があることを伝える。

5　帰宅後，この１枚の通信が各家庭でも読まれ，子どもたちの成長を真ん中に保護者たちとつながり合う大切な役割を果たす。

　入学式にはいつものように桜色の和紙に印刷した創刊号を配り，初めて出会う生徒たちへの「３つの誓い」（①体罰を振るわない，②好き嫌いで見ない，③わからない子を見捨てない）で自己紹介。さらに一人ひとりにカーネーションを手渡し，がっちり握手を交わす。少し過剰な出会いの演出は全て「君たちは大切な存在」であることを伝えるためのもの。以来，日々の終礼での学級通信『つるべ』（彼らが命名）を楽しみにしてくれていた。

40人の生徒たちが生み出す空間は，それまで5年間担当していたコースとは全くの別世界。教室にぎっしり詰め込まれた40人の男子たちは常にそのエネルギーを持て余していた。相次ぐ器物破損，喫煙，授業崩壊……。そのため，1年2組はあっと言う間に「全校一たいへんなクラス」と呼ばれるようになった。教室では「暴力系雑誌」（こんなものがこの世に存在することを初めて知った）が回覧され，日章旗が壁に貼られる。彼らの日常に暴力的な文化が深く浸透していることに驚愕した。

こんな2組は見てくれや素行には少々難があったが，担任にとって決して「嫌なクラス」ではなかった。次々に発生する事件の対応に追われたが，一方で彼らがクラス行事の際に見せる「楽しいことにはとことん本気で取り組む」姿勢と迫力は魅力十分だった。校外オリエンテーション合宿での「1年2組の集い」（クラス討論の時間を利用しての独自企画）の異様な盛り上がりや，体育祭後の藤田クラス名物のかき氷づくり大会でも，今までと違う手応えが感じられた。そしてそのバイタリティは，8月の自主登校日に行われた「夏フェス大会」や文化祭を成功させる原動力となった。

(2) 学校が保障すべき"溜め"とは何か？

「派遣村」元村長の湯浅誠氏は『反貧困』（岩波新書）の中で自己責任論を批判し「溜（た）め」の必要性について論究している。湯浅氏はノーベル賞経済学者アマルティア・センの貧困論に学び，貧困層が奪われた「基本的潜在能力」を"溜め"という言葉で表現している。

> ……わざわざ抽象的な概念を使うのは，それが金銭に限定されないからだ。有形・無形のさまざまなものが"溜め"の機能を有している。<u>頼れる家族・親族・友人がいるというのは，人間関係の"溜め"である。また，自分に自信がある，何かをできると思える，自分を大切にできるというのは，精神的な"溜め"である。</u>（『反貧困』p.79，傍線部筆者）

筆者は学校が生徒たちに保証すべき「溜め」として，以下の4点を大切に育み合いたいと考え実践している。卒業後，ほとんどの生徒が大学や専門学校に進学するとは言え，その多くが非正規労働者として生きていくことを余儀なくされる「ノンエリート」の時代の中で，これらは決定的な意味をもつのではないかと思う。
① 「自分とは異質なものたちと対話し，共存する」力（ちから）
② 「具体的な要求の実現を通して仲間を作り出す」力
③ 「活動を通して仲間と固く手を結び，信頼を深め合う」力
④ 「現実世界に働きかけ，ヒト・モノ・コトのあり方を変える」力

彼らが小・中学時代から奪われ続けた自信と誇り，仲間を取り戻すために，学校空間の中

でこうした力を獲得していくことは決して容易ではない。まずは「楽しみたい・遊びたい」の要求で，クラス集団を組織する。「こんなコトしてみたい」の声を寄せ合って具体化し，学校を舞台にダイナミックに遊ぶ。盛り上がらない学校行事は，その中で独自の楽しみ方を見出し，おもしろいものに組み替えていく。そうして状況を反転する知識と知恵と力をつける。

先に挙げたかき氷づくり大会や「夏フェス」などはその一例だ。文化祭づくりを含めた具体的な自治活動を重ねて，仲間との「出会い直し」を仕組む。「オレ（たち）だって捨てたモンじゃない」という実感は，こうしてクラス集団に，一人ひとりに，少しずつ根付いていくものだ。この2組でも4月の校外オリエンテーション以来，さまざまな企画でクラスを揺さぶり，異質共同と自治のある集団へと少しずつ変化していた。しかし，その流れに乗りきれないアツヤに対するクラスのまなざしは厳しく，1学期末には「KYな奴」「ウソばっかりつくうっとうしい奴」「クラスの団結に水を差す奴」との評価が定着してしまう。この時点で，彼は学校やクラスの中で，一切の"溜め"を手にしていなかった。

2　アツヤの成長

そんなアツヤが大きく成長したのは，2学期の文化祭に向けた「正門坂ジェットコースター」の取り組みだった。球技大会や体育祭など，ここまでの主要な行事は自宅謹慎のために参加できていない。そんな彼がこの文化祭にかける意気込みは相当なものだった。ただし，極端に不器用で，作業のほうはみんながあきれかえるほどであったが。

連日，放課後遅くまで彼は黙々と作業に打ち込んだ。さらに「俺は『敬老の日』に朝から学校に来てやるで！」という宣言をして（筆者はこれを「アツヤ工務店」と名付けて，「一日従業員」を募った）休日返上のスペシャルデーをもつことで，「あいつがここまでやるか……」と周囲を驚嘆させた。筆者はリーダーたちとこの企画に参加，そのときの様子を学級通信に報じることで，アツヤの思いと頑張りをクラスに伝えていった。これを機会に取り組みは大きく飛躍し，本校史上初の40メートルを超える「正門坂ジェットコースター」は完成。文化祭当日は175人が搭乗して大盛況，見事優秀賞を得ることとなった。

こうして「アツヤもエエトコあるやン」と評価が高まり，日常的につながる「ツレ」ができる中で，アツヤの肩から少しずつ力が抜けていった。そして，将来は日本食の調理人になって店を持つのが夢であること。そのために，2年の夏休みにはフランスに短期留学して料理の勉強をしてくるといった（日本料理の勉強をなぜフランスでやるのか，いくら話を聞いてもよくわからなかったが）具体的な展望を語るまでに変化してきた。

もちろん，彼（異質な他者）に対する見方や関わりの変化（出会い直し）は，先述した文化祭の取り組みをはじめ，クラス集団が成長する中で生み出されたものだ。アツヤがアツヤ1人だけで成長することなどあり得ない。そこには必ず彼を支え，励ます仲間の存在がある。

第6章　自分づくりのための進路指導

そして彼らもまた，アツヤとの関わりを通して変わっていける。これは高校生の成長に寄り添い，伴走してきた筆者の実感である。

　極端な低学力と多動傾向，虚言癖，こだわり，1年間で4度の生徒指導処分。生徒指導筋から「彼はとても続くまい」と目されていたアツヤは，その後クラスからも教科担当者からも「あいつがこんなに変わるとは！」と認められる激変を遂げていく。彼はツレたちの励ましの中で，1学期だけで6教科あった欠点科目の克服のために学習に取り組み始めた。授業態度もずいぶん落ち着きを見せるようになった。

　一方，将来の目標である「フランス料理のシェフ」になるべく，12月にはフランス語を習い始めた。「あの頃の俺は，ワケわかってなかったから……」と落ち着いて振り返るその表情に，かつての彼の面影はなかった。

　2学期の終業式の後，職員室にやってきたアツヤは「俺が焼いたんやけど，あんまりうまいことふくらんでへんねん。それでもよかったら，先生方で食べてや」と，クリスマスケーキを差し出した。特製ケーキを頬張った生徒指導担当者は，「あのアツヤが……」と言ったまま，言葉にならなかった。さまざまな紆余曲折はあっても，人と人の関わりの中で成長していく。筆者はあらためて，そのことに確信を深めていた。

3　アツヤの挫折

(1)　アツヤの試練

　学年団からもクラスからも「奇跡的」と言われながらアツヤは2年に進級を果たした。
　ところが，ここから彼をめぐる状況は一変。クラス替えの結果，アツヤの人柄のよさや弱点を理解し，受け入れていた生徒たちと別れ，1年次に謹慎処分を受けた生徒12名を擁する，Gコース最困難クラスに入ってしまう。2年のクラスは1年次から学年のボスとなっていた生徒を中心に，暴力的で無気力な空気が支配していた。喫煙をはじめ恐喝や窃盗，暴力事件など特別指導が頻発し，遅刻や欠席も多く，教室に全員が揃う機会など滅多になかった。
　アツヤは4月からこのクラスで格好の「ネタ」にされた。ことあるごとに虚言癖をからかわれ，揚げ足をとられてしまう。彼は1年の頃から，学校内外で周囲の関心をひくためにハッタリをかまし，そのことで信用を失墜させ，さらには自身身動きがとれなくなってしまうといったトラブルを何度も起こしていた。そのトラブルの「落とし前」をどう付けるのかと迫られると，自ら途方もない額の金品の提供を申し出てしまう（もちろん，「迫る」側は彼のそうした性癖をわかった上でやっている）。当然，約束は不履行になり「追い込み」をかけられ，登校不能が1ヵ月近く続いたこともあった。中には保護者や地域も含めた大きなトラブルに発展し，集団暴行を受け満身創痍で登校することさえあった。結局，彼はフランス留学を果

たせず，調理師への夢も口にしなくなっていく。彼がクラスに居場所を見出すのは，ここから2年をかけた集団づくり（本校では2年から3年へはクラス替えを行わない）とアツヤを含めた相互理解のための「闘い」の果てであった。

（2） アツヤの挫折

　3年に進級すると，彼らもそれぞれの進路について考えるようになってきた。クラス集団づくりの真価はこのときに発揮される。行事づくりで仲間としてつながり合っても，人生の岐路（危機）で支え合えなければ意味がないからだ。進路を「個人の問題」に矮小化せず，状況を共有化しその実現のために励まし合える関わりをつくろうと，可能な限り学級通信などで進路公開に取り組んだ。その中で，「あいつ，そこまで考えていたんか」「自分はまだ甘い」「何となく進学でエエんかな」などと，それぞれの進路選択が刺激を与え合い，関係性が変わり始めた。就職希望者の多かった2組は，秋からのリーマンショックの影響でなかなか決まらない生徒が多く，かなり厳しい状況が続いた。しかし，そのことが逆に将来への不安を抱き，苦悩する未決定者の辛い心情を共有する機会となった。

　アツヤの父親は建設関連の解体業を営んでいた。知り合いの解体屋で住み込みアルバイト経験もあった彼は，当然のように「卒業したら解体（業）やるから」と言って，3年になっても進学や就職の準備は全くしていなかった。ところが3年の夏，そのアルバイト先の先輩ともトラブってしまう。

　「先生，建設の専門学校行きたいんスけど。建築士の資格取りたいんで。んで，もう自宅出て東京で一人暮らしがしたいス。親父も『もう家から出て行け』って言ってるし」そう声をかけてきたのは，もう9月に入ってからだった。突然の進学表明だったが，すぐに意志確認をして学校探しをすすめる。2年連続で追試験をクリアしてのギリギリ進級。成績は超低空飛行，とりわけ理系科目は目も当てられない状況だったが，話し合いを重ねるうち「行けるものなら大学に行ってみたい」と言い出した。

　結局，アツヤは近年急増しているAO入試（学力試験を課さない）で関東にある私立大学の工学部にチャレンジすることになった。ところが，大学に提出する「エントリーシート（志望理由書）」がなかなか書けない。一度下書きを持ってきたが，内容や文章表現，字数などあらゆる点でお粗末きわまるものだった。このままでは到底望みはもてないことを説き，添削して書き直しを命じた。期日が迫っていることを告げ，第2稿を一刻も早く書くよう促すが「わかってます。もう家ではかなり下書きができているから」等といいわけに終始するばかりだった。担任の最終チェックを受けないまま出願したが，志願者が募集定員の半分にも満たないその大学はアツヤを「エントリー適格者」として，課題レポートと願書を送付してきた。この課題レポートを書き，その内容について面接時にプレゼンすれば，よほどのことがない限り最終合格になるという。

しかし、ここからもアツヤの動きは鈍かった。「自分が暮らす街で環境を巡って問題となっている課題を取り上げ、その対応策を考察せよ」といった内容のレポートであったが、「近いうちに市役所に行って話を聞いてくるから大丈夫」と語るだけで具体的な動きは一切見せなかった。さらに周囲に吹聴して回ることを懸念して「合格するまで受験先を口外しないように」と念押ししていたのに、「エントリー適格者」になった時点で、自ら「オレ東京（関東のことを彼はこう言った）の大学に行くんや」と触れ回ってしまう。クラスの内外に知れ渡ると、たちまち「アツヤが東京やって？」「あいつには無理や」「卒業も危ういのに何考えてねん」など大騒ぎとなった。筆者は2年半も関わってきた彼のこうした対応に、正直辟易していた。

それでもクラスの中で2度の文化祭づくりを通して、リーダーの1人に成長していたヤマイは、そんなアツヤのことを誰よりも心配していた。

「オレも1年のときは『こんなクソ学校いつでもやめたる』って思ってたから。あいつのこと、なんとなくわかるねん。だから、放っておかれへん。」

そう言ってくれる仲間が現れたことはこの上なく嬉しかった。

「先生のところに行くように言っとくわ。」

それでも結局、アツヤは面接前に一度も担任に相談することはなく（こちらからあえて呼び出すこともしなかった）受験の日を迎え、帰阪後も一切報告に来なかった。ヤマイには「報告用に資料を入れて持参したフロッピーディスクが壊れて開かなかったので、面接でのプレゼンはできなかった」と言っていたそうだが、真偽のほどはわからない。11月、大学から学校へ、丁寧な不合格通知が届いた。

4 介護福祉の道へ

(1) デモシカ介護福祉士

この11月下旬頃には、ほとんどの生徒が就職・進学先を決めていた。しかし、アツヤはその後、進路について何の動きも見せない。12月の卒業考査に向けた取り組みも不十分で、3科目が追試験となり、卒業そのものが危うくなってしまった。

追試験をどうにかクリアし終えた1月下旬、そのまま指導を放棄するわけにもいかず、善後策を話し合うことにした。こちらの問いかけに、ケロッとした調子で「もう大学はええわ」と語る姿に正直腹立たしさを感じたが、本人の意向を聞いてみると「親父はやっぱり東京へ行けって言ってるし、『介護士にでもなれ』って。オレも、前からそっち方面に関心あるし。だから、カイゴのセンモンでも行こうかな」。

介護福祉の現場の過酷な労働実態とそれに全く見合わない低賃金、高い離職率と慢性的で

深刻な人手不足については，よく知られている。政権交代後，介護労働者の処遇の改善を企図して介護報酬の引き上げ（3.0％）がなされたが，抜本的な改善にはほど遠い状況だ。

そもそも，基礎学力の不足以上に対人関係に決定的な弱点をもつ彼が，高齢者の気持ちに寄り添った介護福祉の仕事になど就けるのだろうか。いや，たとえ就職できたとしても，続けていけるとは思えない。むしろ彼には最も向いていない分野ではないのか。小学校以来学校でのトラブル対応に疲れ切った両親が，「厄介払い」を考えているだけではないのか……。
「どんな仕事に就くのか，わかってるか？　それだけの覚悟はあるのか？」
「ハイ，大丈夫っス。こう見えても，年寄りの相手はうまいんすよ。」
　返事はいつもと同じように軽く，そのことがいっそう不安にさせる。
　ともかく東京にあり，今からでも出願できる介護福祉系の短大や専門学校を調べ，保護者も含めて相談してくることを告げると，翌日には一転して「先生，親が『頼むから自宅から通ってくれ』って言うから，大阪の学校にするわ」と言い出す始末。話に一貫性や系統性，脈絡がないのはいつものことではあったが，さすがに呆れてしまった。
　その後，彼は自宅からほど近い短大と，片道2時間以上かかる専門学校を受験。どちらも一般入試ではあったが「簡単な国語のテスト」や面接のみで，両校ともあっさり合格した。当然，通学至便な短大（施設・設備や教学内容も断然こちらの方がよかった）に進学すると思っていたら，入学は専門学校の方を選んだという。このよくわからないこだわりも，アツヤらしいと言えばらしいのだが。3年制で付属の介護施設があり，実習が他の学校より，「かなり多くて充実している」というのが決め手だったと言う。

　彼の卒業文集にはこう綴られている。ロングホームルームで思案したあげく「じっくり考えて書きたい」と，自宅に持ち帰って書かれたものだ。あらためて読み返してみると，この3年間を彼なりに意味あるものとして総括していることがわかる。

> （前略）高校生活は，良くも悪くもありました。担任や色々な先生にご迷惑をおかけしました。
> 　全然成長してない部分も多々ありますが，これから少しずつ修正していこうとおもっています。たった三年間ですけど皆にお世話になって成長させてもらってありがとう。
> 　　　　　　　　　　　　　　　　　　　　　　　　　　　三年間ありがとう！

　また，同じ文集の中で，クラスの委員長だったユウタは，彼に対して

> 　ナガシマ，お前よおわからんけど，ええやつやったな。いろいろありがとう。

というメッセージを残している。彼は2年間の関わりを通して、アツヤが「よおわからん（よくわからない・理解しがたい）」人物であること、そしてそうではあっても「ええやつ」と評したいよさがあることをつかみ、見事にわずか1行の短文の中にそれを凝縮させている。大変なクラスでのアツヤ自身と彼に関わるクラスの「アツヤ理解」の到達点が、この2つの文章ににじみ出ているように思う。

「思春期の発達は螺旋階段」などと言う言葉があるが、行きつ戻りつを繰り返す彼の姿には怒り、焦り、いらだちを感じ続けてきた。教師のサポート体制としては課題ばかりが目についてしまう。アツヤも59頁で挙げた「4つの力」に即して言えば、①と②をなんとか手にして、ようやく③の段階に踏み出したあたりだろうか。果たせなかった部分は、筆者も含めてそれぞれの次のステージへ持ち越しとなった。筆者はアツヤとの関わりの中で「あきらめないこと」「見捨てないこと」の大切さを改めて学んだ。ただ、生き方を模索する高校3年間に、彼が数々の失敗を重ねながらも、自身の発達課題を正面から見据える力を得たこと。クラスもまたそんなアツヤ（究極の「異質さ」をもった他者）の「存在」を認め、「良さ」を見出していく集団になれたこと。それは広い意味での「進路指導」と言えるのかも知れない。

(2) アツヤ、その後

「藤田先生？　先生、オレっす。アツヤっす。」

卒業して1年近くが過ぎた2月のこと、アツヤから職場に電話がかかってきた。4月に一度顔を出したまま、音沙汰のなかった彼のことは、その後もずっと気にかかっていた。

「どうした？　学校、続いてるか？」

彼を3年間担任したからこそ、不安はぬぐい去れない。この電話も「実は、センモン（生徒たちは専門学校をこう呼ぶ）やめてしもてん……」という報告かもしれない。

「ええ、ちゃんと行ってますよ。実習もバンバンやってるし。」

進学先の学校は併設の介護施設があり、1年次から相当の実習があると言っていたことを思い出した。そう、だからこそ不安だったのだ。

「いや、年賀状もらったのに、返事書いてなかったんで。で、ありがとうございました。」

2月も中旬近くになって、賀状の礼を電話で……。このズレっぷりがいかにもアツヤらしい。3年間はずいぶん手を焼いたが、少しとぼけたような話し方が妙に懐かしい。どうにか新しい環境に馴染めているようで安心した。

突然の電話から10日ほど経って、アツヤはひょっこり学校へ顔を出した。「先日は、どうも」そう言って会釈する仕草は、以前のままだ。でも、心なしか顔も身体つきも精悍になったように見える。卒業式を控えた後輩たちに「ちょっと成長したオレ」を見せに来たらしい。「クラスにはいろんな年齢の人がおるけど、みんな優しいし、楽しくやってます。単位もま

あまあ取れてるし」そう言って見せてくれた携帯の待ち受け画面には，みんなで撮ったスナップ写真の真ん中で，はにかんだように笑うアツヤの姿があった。

　人は他者にその存在を承認されて，自身の生きていく価値に気づいていく。高校生がその生活の中で成長するとき，そこには必ず仲間との出会いと関わりがある。もちろん，さまざまなトラブルの連続で，たくさん傷つけられてもきたのだが。アツヤは人間関係で失敗をするたびに孤独感を深め，それでも寂しくて次の相手を求める，不器用な彷徨を繰り返していた。彼が自分探し・仲間探しの3年間をやりきれたのは，文化祭のたびに取り組みに没頭し「アツヤやるやん」「見直したで」と，周囲から認められてきたからではなかったか。彼が，ほんの少しずつでも成長していくとき，そこには必ず「ヒト・モノ・コトとの関わり」があった。要介護のお年寄りの生活をサポートすることで，繰り返し「ありがとう」と声をかけられる。そんな実習の話を嬉しそうに語るアツヤは，どこか誇らしげだった。

　国際的に使われているADHDの診断基準である「DSM—Ⅳ」には，その該当症例の中に「課題や活動を順序立てることがしばしば困難である」や「精神的努力の持続を要する課題に従事することをしばしば避ける，嫌う，またはいやいや行う」という項目がある。これに照らせば，アツヤがAO入試の課題に取り組めなかったのはむしろ必然であり，彼の状況から考えれば，その「良さ」を引き出し，励まし，伸ばすことで改善が図られた可能性がある。特別支援教育について，研修・研鑽を深めている担任と出会えていたら，とも思う。

　しかし，結果として彼は偶然（いや，これも必然かしれないが）自分が直面した進路選択の場面で，担任の「助言」などに左右されることなく，自己決定することでその道を切り開いていった。

　東大名誉教授の柏木惠子氏は『子どもが育つ条件』（岩波新書）の中で「人は自分の力でなにごとかを達成できたとき，自分の有能さを確認し自信をもつものです。ごく幼い子どもでさえ，親の力を借りずに一人でやってのけたとき，大満足の表情を見せます。このような自力達成の機会，自分の力を認められる機会が，いま，子どもたちに少なくなっているのではないでしょうか」と，述べている。また，「他者のために働く体験の重要性」の中で「この体験（自分のしたことが他の人に役に立った体験）が，子どもに自分の力に自信をもち，自分は誰かのために必要な存在だという自尊の感情を抱かせ」「自分には能力もあり，他者のために有用な存在だと実感がもてる」（『子どもが育つ条件』p.96, 99, 100 いずれも下線部は筆者）とも指摘している。

　だとすれば，彼は「大満足」で進路決定を果たし，日々の介護実習（他者のために働く体験）を通して「自分の有能さを確信し」自己肯定感を高めているのだろう。介護という仕事は「弱者」へのサポート・サービスの提供ではなく，本質的に「支える側」の変革を喚起するものなのかもしれない。そして，その苦労や歓びを分かち合える仲間の輪の中で，今も自

身の課題と向き合い続けていることだろう。そう，今アツヤは新たな"溜め"を蓄えているのだ。丸1年ぶりに再会した彼の表情の変化は，そのことを裏付けているように思えた。

コラム②　卒業後のアフターケア

　「大阪発達支援センター　ぽぽろ」（以下，「ぽぽろ」）には，相談に訪れた青年たちが参加する「青年ボランティア」と「青年教室」の事業があります。青年たちの多くは発達障害や「軽度」知的障害などがあり，その多くが不登校経験者です。彼らや支援者（退職教員）の合い言葉は「人間はいくつになっても変わることができる！」です。

　21歳のA君は大学1年生のときに不登校になり，「ぽぽろ（児童デイサービス）」のボランティア活動に参加しました。

　自閉症の子どもたちが示す「こだわり」や「興味」の世界に引き込まれる中で，自らの中にある同じ「特性」や自分が感じてきた生きにくさに気づいていきます。彼は青年教室でそのことや父親との壮絶なバトル（「パニック」等）を語り始め，「私も弱い自分を出してもいいのだ」と仲間に新鮮に受け止められていきます。自分発見と自己肯定感に支えられ，今では「ぽぽろ」のアルバイトをするかたわら，家族を対象にした子育て支援教室の語り部も引き受け，大学生活も彼にとってはきわめて煩雑な履修申請の手続きを大学の支援を受けながら乗り越え，自分のペースに合わせた内容と単位数に組み替えてやり直しています。

　34歳のB君は特別支援学校高等部を卒業し期待を背負って一般就労しました。しかし，就労した建具屋は9ヵ月でクビになり，職業支援センター・園芸科で1年間学び直し，土木・公園整備の仕事に就労しました。そこでも仕事がきつく，4ヵ月で身体の不調を訴え長期休み・退職という道をたどりました。その後，彼の行き場は作業所しかありませんでしたが，そこでは女性職員との「トラブル」で退所を余儀なくされました。

　一般就労に2回も「失敗」した彼は自己肯定感をなくし，作業所の仕事に手ごたえも生きがいも感じることができずにいました。やり直しをするには多大なエネルギーと時間を必要とするようです。その彼が立ち直りつつあるのは今の作業所に何でも相談できる職員がいて，隠してきた自分の女装の趣味も受け入れてくれる居場所となったこと，電車やパトカーへの趣味や「特性」を生かしたスケッチの製品化が実現したことなどがあります。

　一方で「ぽぽろ」のボランティア活動と青年教室（週1回のパソコン＆ギター教室）参加という「第三の世界」を手に入れた彼は，新たな自分と仲間を発見し，自分の生い立ちや悩みを語る仲間同士の話し合いにひかれていきました。また，異性とのつき合い方についてロールプレイを通して学び，誰も教えてくれなかった性のコントロールについても性のセミナーへの参加や具体的な支援を通して学ぶことで日常生活も安定しつつあります。

　彼らに共通しているのは「居場所」「生きがいある活動」「仲間集団」「支援者」の存在です。彼らは「ぽぽろ」が取り組む，特別支援学校高等部に専攻科や卒業後の学ぶ場をつくる運動にも当事者として参加し，障害や生きにくさを抱えているからこそ，「もっとゆっくりじっくり学びたい！」「楽しく学び直しできる場や余暇活動の場を！」と訴えています。一般就労に偏重した青年期教育のカリキュラムや障害者自立支援法のしくみを変え，彼らの願うかけがえのない豊かな青年期を創造する移行支援教育，福祉実践と制度の確立が望まれます。

トピックス

第7章

基礎学力の育成とキャリア形成

1 基礎学力の育成とキャリア形成の課題

　基礎学力とは,「一般的には,義務教育のなかで修得される日常の生活を営むうえで欠くことのできない基礎的な概念と操作,およびそれを活用できる技能をさす[1]」と述べられている。基礎学力は,自明の前提としてとらえられている場合があるが,「基礎学力とは何か」について,これまでの「基礎学力論争」を見てもその規定は,「基礎」のとらえ方により異なってきた。

　障害児教育においては,これまで,「いわゆる基礎学力にあたるものをちえおくれの子どもに身につけさせても,彼らが将来の生活でそれを用いていくことはないだろうし,またできないだろうから,それは必要ないという極端な考え方もあった[2]」と指摘されている。現在の特別支援教育でも,「基礎学力の育成か,キャリア形成か」の二者択一的なとらえ方のもと,就職へ向けた準備が中心となっているのではないだろうか。

　たとえば,知的障害児の学校では,作業学習などが重視されている。というのも,社会に出た後の就労を見据え,作業をこなすことができるように,作業学習を核とした職業教育に時間を割いているのである。特別支援教育が始まって以来,高校に在籍する発達障害児に対しても,同様に,教科教育よりも,職業教育に関係する科目の充実が目指されてはいないだろうか。

　もちろん,職業教育を否定してはならない。レポート提出の苦手な高校生のLD青年が,実習を通して経験し学んだことを,レポートにまとめることができた次のような報告がある。「食品科に在籍していたあるLD青年は,燻製(くんせい)や味噌を作りそれに対するレポートが課されたが,『自分が実際に作ったものだから,作り上げていく過程も具体的にイメージできている。どんなでき具合だったか反省部分の内容も分かっているので,レポートを書くことにあまり抵抗感がなかった』という[3]」。すなわち,実習内容の振り返りから自己を見つめ,そこから自分の課題を見出し,積極的に取り組もうとする意欲が高まっている。

　それでは,今日,基礎学力の育成よりも,職業教育が重視される理由は何であろうか。それは,最近の若者の就業状況に関する社会的問題,さらには,就職難以外にも,若者の失業率・離職率の増加問題が考えられる。職場での人間関係,職務能力不足から退職になるケースなど,特別支援教育において,学校から就労への移行の厳しさが指摘されている[4]。

こうした動向から，職業教育を重視する傾向になってきているのである。けれども，「特別支援教育においては，障害があるがゆえに，基礎学力の獲得に困難をもつことは当然ありうるが，障害児者も公共社会の形成者として社会参加していくのであり，基礎学力や国民的基礎教養の獲得をないがしろにしてはならない[5]」という指摘もある。この指摘には，基礎学力の育成によって，「特別な教育的ニーズ」のある子どもや若者の生活世界が変わっていくという視点が含まれているところに注目しなければならない。本章では，基礎学力の育成の必要性とキャリア形成との関係について検討する。

2　豊かに生きるための基礎学力

(1)　手段・道具としての学力

「特別な教育的ニーズ」のある子どもたちは，職業教育を受け，就職後，どのような生活を送るのだろうか。学校教育が就職へ向けて多くのスキルを獲得させ，職場適応能力の習得へ傾斜することで，そうした子どもたちの生活は豊かになるのであろうか。ここでは，労働以外の生活世界の過ごし方を考えたい。

茂木俊彦氏は，近藤益雄を援用しながら，次のように述べている。「はげしい労働のあとのくつろぎに，それがたとえすもうの番付やテレビの番組あるいはマンガなどであったとしても，新聞や雑誌を手にとってちょっとでも読めたなら，それはまったく楽しいことではないか。旅行したときに，駅の列車時刻表の文字が読めたらどんなに便利なことか。旅先からハガキの一枚でも書けたらどんなに都合がよいだろう[6]」。子どもたちが基礎学力を修得することで，文字が読め，文化とアクセスできたら，労働以外の楽しみや生活世界が広がることは間違いない。

「読み・書き・算」＝3R's を基礎学力とする規定から，久田敏彦氏は，「手段・道具としての学力」と「現実世界の認識と深く関わる学力」の2つに区別している。「一つは，『人類文化の宝庫を開く鍵』として位置づけるか，あるいは問題解決能力を学力として規定するために位置づけるかの違いはあるにせよ，いずれにしても『読み・書き・算』をその用具性において承認するという見方である。文化を学ぶための，あるいは問題解決能力を得るための手段や道具として『読み・書き・算』が基礎学力として特徴づけられているのである。発展的学力に対する『学力の基礎』としての『読み・書き・算』の習熟論も，このような捉え方に入る[7]」。ここでは，「読み・書き・算」を学力の基礎（手段・道具）ととらえているのである。また，ここで言う「発展的学力に対する『学力の基礎』としての『読み・書き・算』の習熟論」とは，たとえば，ドリルをはじめ今日ブームとなっている「百マス計算」などで3R'sを習熟させ，「手段・道具としての学力」を高めることであると考えられる。

「手段・道具としての学力」を形成するために，障害児教育にもドリル学習が導入されていた時代があった。そこでは，ドリルをわかってもわからなくても繰り返させる方法がとられた。しかし，こうした方法で，本当に「わかって」字を書くことや，計算することができるのだろうか。

(2) 現実世界の認識と深く関わる学力

久田氏が基礎学力についてもう1つ指摘する点として，城丸章夫を援用しながら，次のように述べられている。「『読み・書き・算』を基礎学力の内実とするにしても，単にそれを認識の手段・道具と位置づけるだけではなく，『それ自身が認識であるとともに認識の概括であり，方法である』とする見方である。そこでは，言語や数量を学ぶことが，現実世界の認識と深く関わり，その分析と総合と概括を行うことであるという知見が重視されているのである[8]」。特に，「言語や数量を学ぶことが，現実世界の認識と深く関わ」るとは，文字を学ぶ場合，文字が意味する内容を理解するために，その本質に迫ることである。つまり，「現実世界の認識と深く関わる」とは，「ものごとの本質に迫る」ことである。

たとえば，全国的に「漢字の時間は嫌いだ」という子どもが多いと聞かれるが，私立和光小学校・私立和光鶴川小学校の子どもたちは，そのような状況にはない。2001年の春から3年間繰り返してきたアンケート調査によると，「漢字の勉強が好きです」という回答が年々増え，8割ぐらいが「漢字の時間は好きだ」と答えている。このような取り組みの成果と考えられる子どもの作文を取り上げる[9]。

　　漢字はとてもお茶目だと思う。『烏』（カラス）という漢字があるけれど，これはカラスの体が真っ黒で目がどこにあるかわからないから『鳥』（とり）から棒を一本抜いて，『烏』（カラス）という漢字ができたとか，偏（へん）と旁（つくり）でも，『女』が『家』にいると『嫁（よめ）』とか，女が古くなると『姑（しゅうと）』とか，「帝（みかど）」に『言（ことば）』を言っても聞かないから『諦（あきら）める』とか……。漢字は，漢字にしかないものがあるし漢字からいろんなものが見えるから好きになったのだと思う。

漢字を練習帳にたくさん書いても「作業」にしかならない。そうではなくて，漢字を学ぶことが，「ものごとの本質に迫る」ことにつながる工夫が必要である。子どもの作文の中の「漢字からいろんなものが見える」という言葉は，漢字を書くことで子どもが生活世界や一般概念と結びついていることを意味している。ただし，自閉症などの作業の好きな子どもにとっては，作業で気持ちを落ち着かせることもある。というのも，プリント学習やドリルでは，どこまでできたら終わるのかといった見通しがもてるからであり，考慮すべき点である。

(3)「手段としての教育」と「文化としての教育」

今泉博氏は，先述した「手段・道具としての学力」としてとらえられる「手段のための教育」や「手段としての教育」から，「文化としての教育」へという提言をしている。今泉氏によれば，「手段」「道具」としての学力を軽視・否定するのではなく，同時に「文化としての教育」も必要としている。その上で今泉氏は，「『手段としての教育』は，《できる》ことを重視した教育』ということもできます。『文化としての教育』は『《わかる》ことを重視した教育』ということができます」と述べている[10]。すなわち，「手段としての教育」と「文化としての教育」との違いは，「できる」ことと「わかる」ことを区別してとらえることである。特に，「手段としての教育」は，「学ぶ意味」を問うてはいない。それは，漢字を書くことが「できる」ことと，漢字の意味が「わかる」ことを分け，「できる」といった結果を重視している。たとえば，文字のなぞり書きができても，その文字を読めない場合などがそうである。こうした「できる」ことと「わかる」こととの関係について，さらに今泉氏は以下のように述べている[11]。

> 「手段のための教育」は，学習づけの動機を競争などを取り入れることによって行わざるを得ない面があります。あるいはシールや賞状がもらえるから頑張るんだとなりがちです。「文化としての教育」は，学びそのものによる発見や感動，おもしろさが学習の動機になります。競争などをとり入れなくても，学習しだします。
>
> 「手段のための教育」は「文化としての教育」が前提にあって，はじめて意味をもちます。「手段のための教育」は，学習すればするほど，子どもたちを学習から遠ざけるという皮肉な結果を生みます。数学や理科についての国際的な調査結果は，日本の子どもたちはよく《できる》が，数学や理科がきらいだということを示しています。これらの事実は，「文化としての教育」の必要性と重要さを物語っています。
>
> 現在の教育の大きな問題点のひとつは，「わかる」ことと「できる」ことが，切り離されていることです。「わかる」ということがあって，はじめて「できる」ことが意味をもつものです。

このように，「できる」ことと「わかる」こととの関係を問い直し，「わかる」ことと「できる」ことの「統一」が求められるのである。

3　学習意欲の回復とキャリア形成

(1)　学習意欲の低下と「ごまかし勉強」

　先述した今泉氏の「学びそのものによる発見や感動，おもしろさが学習の動機になります」という指摘にもあるように，「学びの意味」を問う必要がある。本田由紀氏は，「子どもが学習にどのような意味や意義を感じているか[12]」という「学習レリバンス（relevance）」を使用している。特に，「子どもが学習に意欲をもてるかどうかは，子どもにとっての学習の意味づけとしての『学習レリバンス』と密接に結びついていると考えられる[13]」とも指摘している[14]。

　すでに，PISA2003においては，日本の子どもが数学的リテラシーでは高得点を上げながら，学習への興味・関心などでは最下位であったことが示されている。こうした問題に対して，藤澤伸介氏は，「ごまかし勉強」を指摘している。それは，1990年代以降，「試験に出ないことは勉強しない」という手抜きで，効率を求める学習態度に変わり，参考書も即効性が求められ，教師も定期試験前に出題箇所を教え，塾でも試験に出そうな問題を解かせるようになった。その結果，試験の点数を上げるための「ごまかし勉強生成システム」ができてしまったのである。藤澤氏は，「多くの児童生徒は普段こんな勉強をしているから，意味がわかっていないために知識が身につかず，学ぶ喜びを味わうことができない。そして，準備の効かない国際学力テストでは本当の学力が露呈してしまう」と指摘している[15]。こうした「ごまかし勉強」に陥ることで，学習への関心，意欲が低下したのではないだろうか。

　他方，進学意欲のある者にとっては，「試験に出る」ということで，少なからず学習意欲をもつことができる。けれども，受験やよい成績をとることへの意義を子ども自身が見出せない場合もある。ここに高校の「困難校」の実践提案がある。そこでは，ひたすら穴埋め問題を配付し解かせたりする作業的な学習，興味を引きそうなエピソードに終始する授業，教育困難から教える水準を下げて教える授業などではなく，教える内容を問い直し，生徒の視点から教える内容を組み換え，活動的な学びを創造する授業が提案されている[16]。

(2)　特別支援教育におけるキャリア形成

　学習意欲の問題はキャリア形成においても関係している。先述したレポートの苦手な高校生を見ても「実習は実物を相手に実際に手や体を動かして作業するのでその経験がイメージされやすく，言語理解を促す働きがあることを示していると考えられる[17]」。こうした「実体験と言語的認識」を結ぶ学びが重要である。他にも，次のような指摘がある。「中学校ではペーパーテストの点数で評価されることが多く，読み・書きに困難を持つディスレキシア青年は，テストで点数が取りにくい。『できない自分』ばかりが強調され，自信が持てないまま

高校へ進学することが多い。しかし職業学科の実習の時間では，非言語的能力が発揮でき，『できる自分』を発見し自信を回復する場合が多い[18]」。こうした2つの指摘からも，キャリア形成の視点から基礎学力の育成を問い直し，学習意欲や作業意欲の向上を目指す必要がある。

特別支援学校に焦点をあてると，新井英靖氏は，次のようにキャリア形成に関する問題点を指摘している。「知的障害児が卒業後，企業就労を実現しても，早期に離職してしまう理由に，コミュニケーション能力の不足等，本人の能力的な課題が指摘されることが多い。しかし，コミュニケーション能力が不足していたために，コミュニケーションができないのではなく，何のために働くかといった基本的な考えや姿勢が身についていないために，周囲から『やる気がない』と見られてしまい，職場で円滑にコミュニケーションを取ることが難しくなっているというようなことはないだろうか[19]」。つまり，キャリア形成において，「何のために働くかといった基本的な考えや姿勢」を問い直し，単なる作業スキルの獲得に終始しないよう見直さなければならない。

そうした中，茨城大学教育学部附属特別支援学校高等部の作業学習の実践では[20]，生徒に作業の選択や，作業において判断をさせる作業学習の改革が行われた。改革の理由は，生徒が，「現場実習先であいまいな基準に対する判断力や，自分で考えて仕事を選択したりすることが求められていた」からである。というのも，従来の作業学習では，生徒たちに作業の報告や確認をさせ，良い製品を生産させることに注意が向けられ，生徒自身が判断して考え，仕事を選択することができなかったからである。そこで，教師が必要以上に指示するのではなく，自律的な作業へ向けて，生徒自身が考え，判断し，行動する作業学習への転換が行われた。

作業学習の導入においては，教師から「今日はこの作業をするからね」と教師主導で決定するのではなく，子ども自身が今日したい作業を「選択」することで，選択できる喜びと作業への意欲を高める方法が構想されている。また，作業学習においては，1つの工程のみを担当させるのではなく，一連の作業を任せることによって，自分の現在取り組んでいる作業の意味を理解することにつながり，作業に向かう気持ちが高まるのである。

4　他者と「つながる」ためのキャリア形成

(1)　「関係ない」学力観の実態

今日，子どもたちの中には「試験に出ない」から関係ない，「興味がない」から関係ないといった，自分とは「関係ない」という考え方が蔓延している。「『学び』から逃走する子どもたち」を提起した佐藤学氏は，次のように述べる。「『学び』からの逃走の根底には，モノや

他者や事柄に対する無関心があります。『関係ない』という思想こそ，学びにおけるニヒリズムそのものと言ってよいでしょう。世界のどこで戦争が起ころうと，この国のどこで人権が蹂躙されようと，環境の破壊がどう進行しようと，子どもたちの悲劇がどう繰り返されようと，『私には関係ない』と言ってしまえば，何も知る必要はないし，何も学ぶ必要はありません[21]」。ここで必要なのが，「関係ない」学力から「関係ある」学力への転換である。

　自己責任・自己選択を掲げ，競争を軸とした市場原理である新自由主義の学力観では，「『通常』＝標準という基準に早く到達し，そこから抜けだす層と，そこから脱落していく層との差がより明確になり，こうした競争的秩序を強化することに拍車がかかることになる[22]」と指摘されている。このような新自由主義における競争原理の蔓延や格差社会の中での学力は，他者と「つながる」必要のない個人主義の学力である。

　個人主義の学力が蔓延すると，「わかること」や「できること」にのみ目標が設定され，「わからない」や「できない」子どもたちとの格差が広がる。それゆえ，今日求められる基礎学力を育成する授業指導とは，「『わかる子―わからない子』，『できる子―できない子』といった，子どもたちの単純な『二分法』的把握による『分離的＝分断的』な授業指導ではなくて，『わからない』子どもの『わかろうとする』意欲が励まされ，『できない』子どもの『できる』部分が肯定的に評価されることで多様な授業参加を促していくような授業指導[23]」である。こうした授業のもと，基礎学力は，「わかる」「わからない」や「できる」「できない」を越えて，子どもたちが「つながり」，学び合う中で高められる必要がある。

（2）　キャリア形成における集団づくり

　発達障害の子どもたちは，他者と「つながる」ことに対して困難がある。特に，「できない」「わからない」場合に「つながる」ことができないと，作業は個人作業に陥ってしまい，仲間と喜びを分かち合ったり，助け合ったりすることができず，職場での関係が築けない点で，キャリア形成の上でも課題となる。

　こうした課題を解決するために「集団づくり」の視点は有効である。「班作業による協同作業がコミュニケーション能力や社会性を育てる」ことに焦点をあてた高校職業学科の実践においては，班作業による協同作業によって他者意識を育て，「できない」ところを相補的に支え合ったり，言語・非言語的コミュニケーションを取りながら協力して作業をする方法が試みられている。たとえば，「ADHDの生徒にとって，自分の不得手な段取りの部分や気が散ってしまう場面など，他のメンバーにカバーしてもらうことも必要になってくる。言語的・非言語的コミュニケーションや人間関係づくりの基礎が作業を通じて養われることとなる[24]」。このように，具体的に「カバー」してもらうことで，1人では動くことはできなくても，集団では動くことができることがある。たとえば，1人だけで「起立」と言われても立てないが，集団の中で言われれば立つことができる。こうした点も見逃せない。

同様に，特別支援学校高等部の実践でも「働く力は作業学習だけで育つものではなく，学校教育全体で考えるべきである。余暇を自分らしく過ごしリフレッシュしないと働きつづけられない。『愚痴』が言える仲間の存在も大切だ[25]」という提案がある。働く者同士が苦しい状況について「愚痴」を言い合い，ともに励まし合う必要も出てくる。こうした仲間に「愚痴」を言うという行為にも学力形成が必要である。「実体験と言語的認識」を結ぶ学びを通して，学力をつけるために，「つながり」の中で学力を高める視点を問うことが求められる。

　最後に，「基礎学力の育成か，キャリア形成か」といった二者択一を越えて，両者は相補的関係である点を再度確認したい。基礎学力の育成を図ることは，同時にキャリア形成にも有効である。本章で考察したように，生活世界の過ごし方，意欲，他者との「つながり」に関することが，キャリア形成に大きな影響を与える。さらに，こうした点から，特別支援教育における授業づくりを見直す必要があると考える。

【注】

1) 玉村公二彦（2010）「基礎学力」茂木俊彦編集代表『特別支援教育大事典』旬報社，p.134
2) 茂木俊彦（1990）『障害児と教育』岩波書店，p.126
3) 依田十久子（2009）「高校職業学科と『発達障害』青年の職業教育，移行支援」『障害者問題研究』第36巻第4号，p.28
4) 同上論文，pp.24-25参照
5) 玉村公二彦（2010），前掲書，p.134
6) 茂木俊彦（1990），前掲書，p.132
7) 久田敏彦（1999）「基礎学力」恒吉宏典・深澤広明編『授業研究重要用語300の基礎知識』明治図書，p.234
8) 同上（なお，傍点は引用者による）
9) 行田稔彦（2002）『学力を育てる―どの子もできたい，わかりたい』旬報社，p.60（なお，傍点は引用者による）
10) 今泉博（1994）『どの子も発言したくなる授業』学陽書房，p.122参照
11) 同上書，pp.124-125（なお，傍点は引用者による）
12) 本田由紀（2004）「学ぶことの意味―『学習レリバンス』構造のジェンダー差異」苅谷剛彦・志水宏吉編『学力の社会学』岩波書店，p.77
13) 同上論文，p.79
14) 「レリバンス」とは，教育学の文脈では，「教科内容の現代化」運動の推進者であるブルーナーが，1971年に"The Relevance of Education"（平光昭久訳（1972）『教育の適切性』明治図書）を著し，邦訳書では「適切性」と訳されている。近年では，本田由紀氏が注目している（本田由紀（2005）『若者と仕事』東京大学出版会）。
15) 藤澤伸介（2005）「学力低下は学習の質こそが問題」『児童心理』826号，金子書房，p.112参照
16) 井ノ口貴史他編著（2005）『授業づくりで変える高校の教室1　社会』明石書店，参照

17) 依田十久子（2009），前掲書，p.28
18) 同上論文，p.29
19) 新井英靖（2009）「新学習指導要領における職業教育と作業学習」新井英靖・茨城大学教育学部附属特別支援学校編著『障害児の職業教育と作業学習』黎明書房，p.10（なお，傍点は引用者による）
20) 廣木恒夫・八柳千穂（2008）「作業学習をどう改革するか」湯浅恭正他編著『特別支援教育のカリキュラム開発力を養おう』黎明書房，pp.71-81 参照
21) 佐藤学（2000）『「学び」から逃走する子どもたち』岩波書店，p.61
22) 湯浅恭正（1998）「自己決定と学び」メトーデ研究会編『学びのディスコース―共同創造の授業を求めて』八千代出版，p.171
23) 深澤広明（2006）「正答を『ため込む』学力から他者と『かかわる』学力へ」『心を育てる学級経営』255 号，明治図書，p.69
24) 依田十久子（2009），前掲書，p.28
25) 小畑耕作（2006）「学校は企業ではない―主体を形成する教育としての作業学習を」太田英樹＋青年期教育プロジェクト編『特別支援教育時代の青年期教育―生徒たちとつくる青春と授業』群青社，p.90

第8章

高校生の就労支援をどのように展開するか

1　自分を知るための進路学習

(1)　進路指導ではなく進路学習を

　高校生の進路選択・進路決定は，障害をもつ本人の希望やねがいを出発点として，できるだけその気持ちを聞き取りながら行うべきである。「進路指導」というと，時として保護者や教師の想いが先行し，周りの人が考える「その生徒が進むべき道」を決めがちであり，その進路に進むためにどうすればよいか，を中心に見据えた指導や学習が進められてしまう場合も少なくない。卒業後の生活を実りあるものとするため，また働く楽しみや生きがいを感じるためには，「進路指導」ではなく生徒が自分自身について考え，知り，主体的に進路を学び，選んでいく「進路学習」が必要である。

(2)　進路学習の内容と方法

　自分の進路を具体的に考えていくためには，さまざまな分野からのアプローチが考えられる。進路学習の内容は多岐に渡るが，身だしなみに関することや，挨拶や返事の仕方が挙げられる。身だしなみについては，TPOに合わせた服装を知ることや，髪型の整え方，男子であれば髭の剃り方やネクタイの締め方を実際に取り組んでいく中で学習していく。また，友だち同士で見合い，チェックし合うことで，他の人から見た印象を知ることにもつなげられる。実地での学習においては，時間に応じた挨拶の仕方を練習することもある。退勤時の「お先に失礼します」という言い方は学校と異なるものであり，就職先によって（特にサービス業）は「いらっしゃいませ」「ありがとうございました」「少々お待ちください」等の独特の言い回しを覚えることが必要である。

　態度面の学習だけでなく，自分の進路や今後の生活のイメージをもつことも大事である。どんな仕事につきたいか？　どんな生活がしたいか？　給料はどう使いたいか？　といったビジョンをもつことで1つの大きな目標に向かって毎日を過ごすことができる。はじめは，自分の可能性ややりたいことの幅を広くもってほしい。そのために，身近なお店や普段よく行く場所で実際に働く人の様子を見学する活動も考えられる。見学に行く前には「こんな場所で働きたい」という気持ちをもっていても，見学後に質問してみると「思ったより難しそ

う」「自分には向いていないかな」等,考えが変わる場合もある。見学以外でも,インターネットで興味のある分野から働く場所について情報を仕入れる方法もある。まずは自分のやりたいことや興味のあることを見つけて,その中から選択肢を絞っていく。

　働いてからの生活をイメージすることと述べたが,今の生活のリズムや日課（起床時間,就寝時間等）を改めてスケジュール表に書き出し,見つめ直す時間も有効である。幅広く考えると,時間の使い方や休日の過ごし方,趣味を深めることや好きなこと,気分転換の方法を知ること等も進路学習に含まれる。

2　やりがいと適性を知る校内実習

(1)　なぜ校内で実習をするのか

　特別支援学校の高等部では,校外の福祉作業所（事業所）や一般事業所で実施する現場実習（学校により名称は異なる）が行われる。本校では,年3回実施する現場実習の準備段階として高等部1年生の1回目・2回目の実習は校内で行うようにしている。実際に学校の外に出て実習することになると,当たり前のことであるが,初めての場所で知らない人と一緒に活動することになる。校内実習は一般的に必要と思われる基礎的・基本的な態度や姿勢を身に付けることが大きなねらいである。また,それだけではなく校内で行われる作業内容に取り組む中で,自分はどんな活動が得意であり不得意であるのか。また,自分に合っている作業内容とはどんなもので,自分は何をしたいと感じるのか。周りの人とのコミュニケーションはどう図ればいいのか。それらに気付き,現場実習での取り組みをより有意義なものとするためにも,校内実習を位置づけている。

　校内実習で生徒に身につけたいことは,以下のように考えられる。

・挨拶,返事,報告の方法を知ること
・作業へ集中して取り組む態度
・わからないときに質問すること
・相手の話をよく聞くこと
・さまざまな活動に取り組む中で自己の適性を見つめること

---

(2)　校内実習の内容と方法

　校内実習では,教師は生徒たちと一緒に簡単な作業に取り組みながら指導にあたる場合もある。ただし,あくまでも実習を強く意識しながら過ごせるような工夫として,実習場所は

第8章 高校生の就労支援をどのように展開するか

生徒たちが生活している学校でありながら,環境設定・時間割りも通常とは大幅に変えることにしている。

環境設定では,主に活動する教室を小さな作業場に見立てる。普段置いてあるパソコンや本等は,全て他の教室(休憩室)に移動しておき,あくまでも仕事をする場として設定をする。また日程は通常授業とは大きく変え,実習を行っている(写真上参照)。

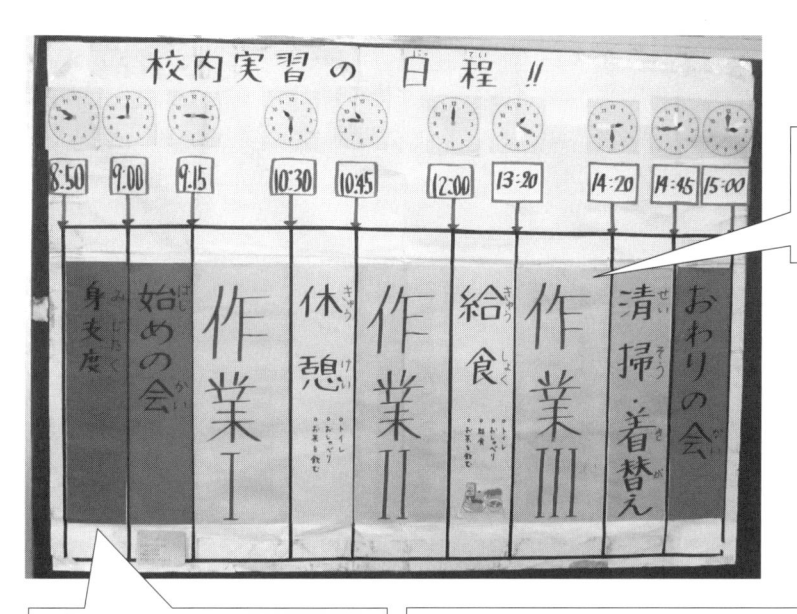

- 作業は3回に分けて設定している。午前2回(75分),午後1回(60分)
- 登校後,タイムカードを押し,名札を付けて準備する。
- 「はじめの会」では,挨拶練習や目標確認,話し方の確認を行う。生徒によっては,スムーズに活動に取り組めるように簡単な体操やストレッチを行う場合もある。
- 「おわりの会」では,1日の取り組みを振り返り,写真をつけた実習日誌をつける時間を設定している。
- 目標となるキーワードを全員で確認する。

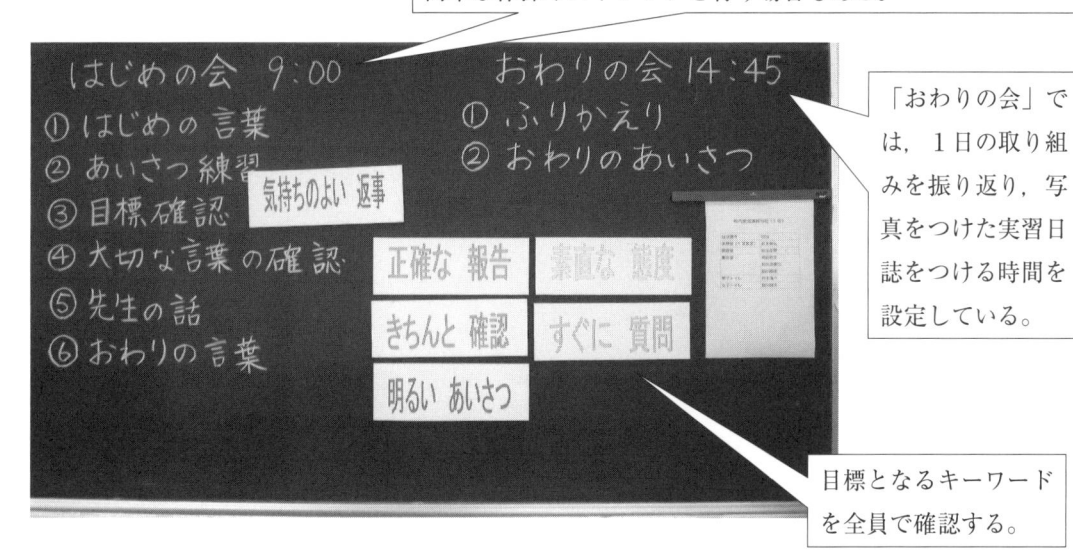

(はじめの会,おわりの会の流れ)

一緒に実習するのは，普段学校生活も共にしている教師や友だちであるが，実習期間中は特に，社会人としての関わりを意識するようにしている。言葉遣いはもちろんのこと，確認や報告といった基本的なことを活動していく中で伝え，身に付くように指導する。また，作業中は教師も一緒に作業に取り組む。生徒がつまずいた際には，そのつど正しいやり方を見せたり，どうすべきか一緒に考えアドバイスしたりする役割を担う。同時に，生徒の苦手な活動や適性を見極めていき現場実習に備えて担任間，学部内で話し合いを行っていく。具体的な活動内容については，大きく分けて外部受注を受ける内容と校内でできる作業内容の2種類がある。外部受注としては，手帳の部品となるパーツを土台のシートからはがしていく作業や穴あけ，検品やゴルフピンの簡易的な組み立て・検品，乾燥ひじきの計量・袋詰め，電線関連の部品組み立て・袋詰め等が挙げられる。

　校内で行う作業内容は，除草作業や清掃，畑で育てた豆の殻向きや袋詰め，受注作業（他学部も含めた教員から校内で必要な作業を聞き取り，行うもの）また，活動によっては1人で取り組むもの，流れ作業で行うもの，分業して友だちと協力する場面を意図的に作るもの等，形態もねらいによって変えるようにする。

　たとえば，「1袋10個ずつ部品を詰めてください」といった軽作業や機械的な作業もあるが，時には大小・色がバラバラになっている物ついて，「〇人に同じように配りたいので均等に分けてほしい」という指示を出すこともあった。この活動に取り組むためには，数や色，大きさを均等にするというようないくつかの要素を組み合わせて考えながら取り組むといった力が必要になる。もちろん，この課題を達成するために必要な力が生徒に身に付いているかどうか見極めた上でのことであるが，生徒の適性を知るためや，得手・不得手を見つけるために教師がその場で考えて指示を出すこともある。

　活動一つひとつを細かく見ていくと，校内実習で新たな発見がたくさん生まれる。普段，気持ちの切り替えが難しく活動になかなか取り組めない生徒が，バリとり（パーツを土台シートからはがす作業）を始めた途端に夢中になってしまい，休憩もとらずに作業を続けた。この様子から，座ってできる単純作業では，すばらしい集中力を発揮することがわかった。清掃活動で床磨きをお願いした生徒は，中腰のまま作業することの辛さから「無理です」と訴えたが，「床に座った形で磨く方法に切り替えてみては？」という教師のアドバイスを受け，「できない」のではなく姿勢や取り組み方を変えればできることもある，という一歩を踏み出した。

　分業で行われる作業では，自分と一緒に作業する生徒のペースに合わせて袋の準備をする姿があったり，担当する活動が終わったら周りの様子を見て自分から必要な場所に手伝いにいく姿があったりもした。いずれも，社会に出て実際に働く場では必要になる，周りの状況を見る力であると感じる。

3　社会とつながる現場実習

(1)　職場開拓の方法

　職場開拓の方法には，いくつかの種類や方法がある。1つは，関係機関（職業安定所（ハローワーク），地域の障害者就業・生活支援センター等）からの紹介や情報を得て事業所に連絡を取る方法である。2つめは，進路指導担当間における近隣校との情報交換である。3つめは，保護者や教員同士から得た地域の情報等を頼りに，直接連絡をしていく地道なものである。後者の場合は，「○○市に新しいお店ができるらしい」「○○駅近くに建設中の建物がある。規模からしてスーパーではないか」「○号沿いにあるクリーニング店では実習は受け入れてもらえないだろうか」という小さな話からスタートする場合もある。いずれの場合も，まずは実習を受け入れてもらえるかどうかを検討してもらうのであるが，場合によっては，実際に事業所に直接出向き，交渉する。また，定期的に開催される障害者職業合同面接会では，50社近くの会社が参加することもある。生徒と保護者が履歴書を持って時間のある限り各社の面接を受けて回ることで，実際に実習につながるケースもあった。

(2)　2週間の現場実習の内容と教師の役割

　約2週間（場合によって1週間もある）の現場実習は，実際には以下のような流れで進められる。本校では，年に3回×2週間の実習期間が設けられており，1回目は6月，2回目は11月，3回目は2月に実施している。ただし，3年生は卒業後に向けて必要に応じて実習を行うため，3回に限らず，また2週間に限定せず長めに実習を行い，適性を見極めることもある。

　大まかな流れは以上のとおりだが，それぞれの過程には教師によるより細かい支援や配慮が必要になってくる。たとえば，(A) 実習先を決めるにあたっては，初めは自分のやりたい仕事のイメージがもてる生徒はほとんどいない。興味のあること，好きなこと，苦手なことなどを普段の生活の中から情報として集めておく必要がある。言葉で気持ちを引き出すことが難しい場合には，仕事風景や作業内容を写した写真等を用いて選ぶこともある。また，自力で通勤する生徒の場合は，距離や方法を考慮する。

　次に，(B) 事前面接では進路担当があらかじめアポイントメントをとった上で，本人・保護者・担任と受け入れ実習先の担当とで面接を行い，勤務時間，仕事の内容，持ち物等の確認を行う。学校からは本人のサポートブックを作成した上で持参し，保護者了解のもと，手渡しする。サポートブック（85頁参照）には，本人についての情報（住所や家族構成等の基本的な個人情報や食事，コミュニケーションについての特性等）が「私は○○です」という

表8-1 現場実習の3年間の流れ

1年	1回目	校内実習	職場見学,校内(清掃,受注,農作業等より実施)
	2回目	基本実習・校内実習	地域の作業所等で,5日間の実習を行う。
	3回目	現場実習	本人の希望をもとに実習を行う。
2年	1回目	現場実習	↓
	2回目	現場実習	↓
	3回目	現場実習	↓
3年	1回目	現場実習	↓
	2回目	現場実習	↓
	3回目	現場実習	卒業後の就労条件に近い形で実習を行う。
		現場実習	必要に応じて実習を行う。

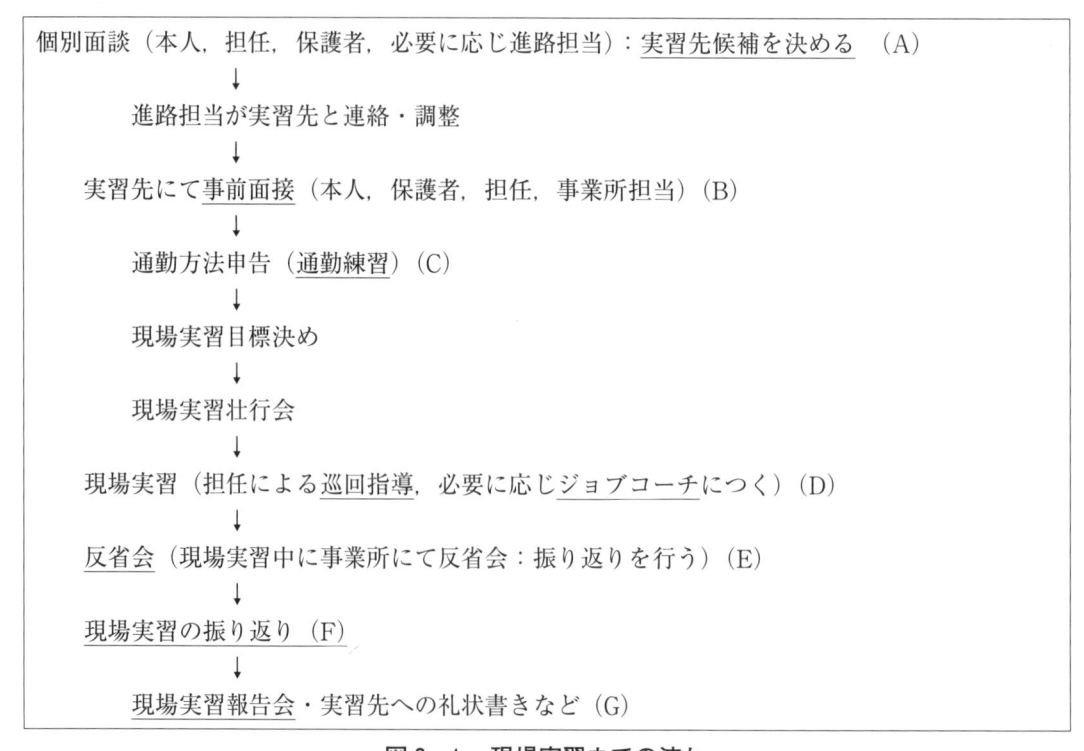

個別面談(本人,担任,保護者,必要に応じ進路担当):実習先候補を決める (A)
　　　　　↓
　　　進路担当が実習先と連絡・調整
　　　　　↓
実習先にて事前面接(本人,保護者,担任,事業所担当)(B)
　　　　　↓
通勤方法申告(通勤練習)(C)
　　　　　↓
現場実習目標決め
　　　　　↓
現場実習壮行会
　　　　　↓
現場実習(担任による巡回指導,必要に応じジョブコーチにつく)(D)
　　　　　↓
反省会(現場実習中に事業所にて反省会:振り返りを行う)(E)
　　　　　↓
現場実習の振り返り (F)
　　　　　↓
現場実習報告会・実習先への礼状書きなど(G)

図8-1 現場実習までの流れ

形で記されている。先方が対応に苦慮したときに,必要に応じてこの情報を利用してもらう。

　そして,(C)実習先までの通勤練習だが,こちらは家庭での責任において,実習に間に合うように平日の時間を見越した通勤練習を行う。実際,平日の通勤時刻に間に合うように路線バスやJR等を利用して,確認や練習を行う場合もある。保護者が送迎する場合でも,可能な範囲で,「自力通勤」の部分を設定する場合があり,練習を重ねた上で,通勤経路の中で

サポートブック（例）

○氏名	私の名前は，○○です。
○所属	私は○○特別支援学校　高等部○年生です。
○住所	私は，現在○○に住んでいます。
○家族構成	家族は，○人です。
○電話番号	自宅０２９－ 携帯：父　０９０－ 　　　　母　０９０－ 　　　　本人０９０－
○手帳関係	療育手帳は　　　です。 身体障害者手帳は　　　級です。
○通勤	朝は，自宅から学校まで保護者送迎で来ています。
○服薬・アレルギー	私は，現在飲んでいる薬やアレルギーはありません。
○その他	私は，歩くのがゆっくりです。
・支援者からしてほしいことを伝えるとき	・私には，わかりやすい言葉で伝えてください。一度では，なかなか伝わらないことが多いので，わかりやすい言葉ではっきり伝えてください。
・支援者からしてはいけないことを伝えるとき	・私には，わかりやすい言葉でいけないことを伝えてください。
・こちらに注意を向けさせたいとき	・私には，「○○さん」と名前を呼んでください。

（サポートブックの主な内容）
サポートブックの項目は，基本的な情報から始まり，上記以外にも多岐に渡る。
　・食べ物に関すること（好き嫌い，アレルギー等）
　・家での過ごし方，趣味に関すること
　・コミュニケーションに関すること
　・排泄，入浴に関すること
　・支援者と関わるときの注意点，関わり方や物事の伝え方
　・作業的な内容に関すること（得手・不得手）
　・こだわりについて
　・担任から（実習先で過ごす際に特に気になることや関わる中で気をつけてほしいこと等を伝える）

一部「徒歩」を設定する（部分自力と呼んでいる）ことがある。社会自立を意識した取り組みである。

（D）現場実習中の教員の巡回指導は，担任の教員が中心に行うことが多い。巡回指導では，仕事への取り組みの様子や周りの従業員の方とのコミュニケーション等を確認する。必要に応じて，生徒に対する指導だけでなく，実習先にかかる負担を軽減し，少しでも早くよい関係づくりをするために，学校で行っている有効な指導の方法を話したり，具体的な指示の出し方や言葉のかけ方を伝えたりすることもある。その場合，注意しなければならないのは「○○してください」「○○をやらせてください」というように，こちらの要望や要求が中心とならないことである。あくまでも実習先から任される仕事内容に取り組み，方法やスケジュール等も指示されたように取り組む実習になることが望ましい。

必要に応じてジョブコーチを行うことがあるが，これは一般事業所で実習する生徒に対して行う支援である。実習中にジョブコーチとして１日ないしは半日生徒と共に教員が仕事をし，一緒に仕事を覚え，その生徒に合った作業プログラムを提案したり，効率のよい作業にするための工夫を生徒に伝えたりする。具体的な例としては，商品が置かれている倉庫などのせまい場所での作業時の作業スペースの工夫や，清掃作業時のモップがけのルート設定等がある。

（E）反省会では，実習中の取り組みを振り返り，よかった点や気になった課題点を生徒や事業所に挙げてもらう。よかった点についてはその後も生徒の長所としてさらに伸ばしていけるようにする。また，課題点については，後日保護者と担任間でどう改善すべきかを話し合い，家庭と学校が同じ方針で苦手なことを練習したり支援したりすることが望ましい。

（F）学校に戻ってからも振り返りの時間を設け，時には写真や映像を見ながら自分の取り組みを確認する時間を設ける。反省会で話題に挙がっていた内容にも触れ，「がんばった」「よくできた」という月並みな反省にならないように心掛けることが大切である。作業内容の一つひとつを挙げ，「簡単だった」「大変だった」「またやってみたい」「もうやりたくない」などの言葉を提示し，ワークシートで現場実習の振り返りを行う場合もある。どんな部分がどうだったのか，担任とのマンツーマンでのやりとりを通して，次の実習へとつなげる振り返りができるようにしている。根気強く生徒と一緒に取り組む気持ちで改善方法を考えていくことが何よりも大切なことである。

（G）実習後の現場実習報告会では，生徒一人ひとりが振り返りを元に原稿を書き，他の生徒や保護者の前で発表する。発表の際には実習での様子を映像で見せたり，写真をまとめて発表したり方法もさまざまである。何よりも，全員が自分の取り組みを堂々と報告することにより，実習のまとめとして取り組む意識が高まる。他学部の保護者が参加することも少なくないので，実習先の映像を見て事業所や作業内容を知り新たな発見をしたり，次の実習先の候補を探したりするときにも役立っている。

第8章　高校生の就労支援をどのように展開するか

現場実習報告会　原稿の項目例

高等部○年　　　　　氏名　○○○○
1　私は　○○で　実習を行いました。
2　通勤方法は　○○　でした。
3　作業内容は　○○　や　○○　でした。
4　実習でがんばったことは　○○　です。
5　今度の実習でがんばりたいことは　○○　です。

(3)　就職までのきめ細かい支援

　高等部1年生から，夏期休業中には保護者と生徒本人で職業相談会（ハローワーク主催）に参加し，就職するにあたり不安なことを相談したり，興味のある分野から事業所を紹介してもらったりすることができる。早くからさまざまな情報を得ておき，だんだんと希望業種を絞り込んでいくことは大切である。

　実際に就職先が決定してからは，移行支援会議を開く。これは，生徒本人，保護者，担任，事業所の方に加え，必要に応じて地域の生活支援センターの方や職業センターの方にも同席してもらう。労働条件や賃金等の話し合いを始め，卒業後の生活で考えられる不安なこと，生活する上でサポートしてほしいこと（給料の使い方，日常生活の過ごし方）について全員で考える貴重な場である。学校からは，移行支援資料を持参する。

　移行支援資料（本校では「個別の教育移行支援計画」ファイルを作成する）の項目は，以下のとおりである。

・氏名，住所，家族構成等の基本的な情報
・障害名
・療育手帳の内容
・かかりつけの病院，医療機関
・日中一時支援で利用する等の関係機関
・卒業後の本人と保護者の願いや希望
・高等部での校内，現場実習の記録
・サポートブック

　卒業後は，学校側では現場実習期間に「追指導」として卒業生の働きぶりを見に行き，様子を聞くことで，職場により適応できるように本人への指導と一緒に働く職場の方の理解を促す役割を担う。もちろん，実際に働き始めてから明らかになる問題もある。例としては携

帯電話などの利用方法，給料の貯金方法，休日の過ごし方等が挙げられる。そのつど，保護者や職業センターの方に情報を提供し，サポートしていく体制をつくることが鍵となる。

また，職場でどうしてもうまくできない仕事があったり，うまくコミュニケーションがとれなかったりする場合は，ジョブコーチをうまく利用して支援を受けられるようにしたい。このため，卒業までにハローワークや障害者職業センターのスタッフと家庭とをつないでおくことも重要なことである。障害基礎年金の受給が考えられる生徒もいるため，手続きや使用方法など保護者を交えて多くの情報を共有しておくことも必要である。

時には，一般就職を希望していても卒業までに就職先が決まらないことや，うまくいかずに離職してしまう場合もある。その際は就労移行支援を行っている福祉事業所に通いながら実習を重ね，就職先が決まるようサポートを受けることや，ハローワークに求職登録をしておき，就職先を紹介してもらう方法もある。また，障害者職業センターで就労準備支援を行ってアドバイスを受けることや，重度判定を受けること等，関係機関と連携し，さまざまなケースに備えて生徒の選択肢を増やしておくことが，新しい職場を見つけるときにプラスになることもある。

【参考文献】
・新井英靖・茨城大学教育学部附属特別支援学校（2009）『障害児の職業教育と作業学習』黎明書房
・梅永雄二編著（2009）『夢をかなえる！　特別支援学校の進路指導』明治図書

第9章

発達障害と進路指導

1 はじめに

　筆者が勤務する高校は、大阪府内東部に位置する行政区内唯一の全日制普通科で、近年、学区の再編に伴って広範な地域の中学校（70数校）から進学してくる、ごくごく普通の高校である。各学年の担任団を中心としたきめ細やかな指導を心がけている本校は、地域では「生活指導の厳しい学校」との評で、生徒たちは比較的落ち着いて学習に励んでいる。

　LD（学習障害）、ADHD（注意欠陥・多動性障害）、アスペルガー症候群等の広汎性発達障害の生徒は、一般的には生徒総数の約6％程度存在すると言われるが、本校生徒では学区内の成績評価の位置づけからその占めるパーセントはおのずと高く、入学時（近年は少なくなったが、LD、ADHD、アスペルガー症候群等の広汎性発達障害を抱える生徒が少なからず退学していったがゆえにあえてこう記述する）で、約20～30％程度存在すると考える。また、この数字は発達診断等を受けての結果ではなく、境界域の生徒を含んでのものと理解していただきたい。

　本章は、本校の数年間の社会科学習や進路指導、HR指導などで得た狭い知見を下に、発達障害と進路実現についての論を進めるものである。また厳密にはLD、ADHDやアスペルガー症候群等の分類を明瞭にするべきとの意見もあろうが、本章の実践上の問題を扱うとの観点から、分類に重きを置かず、障害のある、なしを連続性の上でとらえながら、その特性が明瞭であるがゆえに特別な支援を必要とするという視点で論じることとした。

2　高校でLD，ADHD，アスペルガー症候群等の生徒はどう活動しているのか

（1）　白地図作業ができないB君

　B君は子どもっぽい面はもっているものの、本校生徒の中では一般的と見える生徒である。授業中、若干の居眠りはあるものの、ノートも普通のスピードで写せる、どちらかというと「ノーマーク」の生徒であった。

　B君の様子が少し「変」と感じたのは、1年生の「現代社会」の授業中のこと。アジアの

白地図のプリントを渡して，地図帳を参考に国名や首都名を書き込むという，小学校3～4年生程度の作業を行ったときであった。しきりに「わからない」を連発するB君，はじめはよくある「かまってほしい」がゆえの行動かと軽くあしらっていたが，よくよく注意してみると，図形の認識把握が困難であることがわかってきた。

「地図帳の日本を探してみよう。その見かけ上の左にある国が大韓民国やから，白地図では？」。しかし地図帳では確認できているが，白地図内に「大韓民国」は記入できない。地図帳内の日本列島と白地図内のそれが対応できないのである。B君自身，小学校時代から地図は苦手，国名や県名は覚えられないとあきらめてきたと言う。かなり指導，援助したが，彼は「無理！」を連発。この類の学習は放棄することが多かった。結果，3年生になってもこの点での克服はできず，日本史学習の旧国名のプリントなどはいつも白紙という状態だった。

この事例以外にも学習障害（一部ADHDも含む）と思われる例はこと欠かない。図形の形状の対応に困難を抱える生徒などは単純でわかりやすいタイプだが，たとえば次のような場面にしばしば遭遇する。

① 奨学金の予約申し込みのとき，説明用のペーパー（印刷物）と実際入力するPCのウェブ上の画面との対応が困難な生徒。よく彼らが言うのは「色が付いているからここの項目と違うと思った」である。本校では比較的成績が優秀な者（5段階評定で4以上ある生徒）の中にもかなりの層として存在している。

② 国名・都市名などの階層性が明確でなくごちゃ混ぜ。国名を問う問題に平気で「パリ」だの「ロンドン」だのと答える。「地図帳では国名は赤文字のゴシック」と説明すると赤で書かれている「○○○国立公園も」と平気で質問してくる。

③ テストで，前後の続きから考えると，どう考えても「ここは人名しか入らない」と思える穴埋め問題に，ありえない用語（たとえば歴史的事件名や年代など）を選ぶ。

④ 日本史のテストに世界史の授業で印象に残った用語を連発する。特に音の響きで強烈にインプットされた人名や用語は機会があるたびに答える。

⑤ テストで語群からの書き写しを誤る。たとえば語群の中から「ア・イ・ウ……」で答えなければならない問題で解答欄に「1・2・3……」と答えてしまう。全て数字になっている場合は理解できるが，記号と番号が混在するときが多々ある。

⑥ 授業中の作業やテストの解答などで順を追って処理できず，飛ばしてしまう。特に多いのが最後の一問を解答しない。

⑦ 反復する作業のときに，一定の環境を固定して作業をスムーズに図るということができない。たとえば百マス計算などの縦の（もしくは横の）数字を記憶せずに個々に計算する。

⑧ 板書を写すとき，文章として理解し写すことができない。文節ごとに写すのではなく，一文字一文字写す。ひどい場合は漢字をその意味を含めて理解し写すことができず，

一画，一画，図形を模写するようにというときも。もちろん，聴いた言葉をメモ書きすることは不得意。等々。

ここにあげたものは，日常の生活や労働にとって重要な作業，行動である。スムーズに生活することに支障をきたす恐れは十分考えられる。3年間，1サイクルの取り組みの中で彼らにさまざまな支援を行うが乗り越えられるハードルは，それほど多くないのが現実だ。不得意な面やハンディに少しでも気づくことが重要でそれが次の生活につながる。

(2) N君・K君のプリント争奪戦

定期考査前の授業が少し残ったので自習とした。なかなか学習に取り掛かろうとしないN・K両君に何度か声かけを繰り返すうちに，K君がやっとのことで机の整理を始めた。日々，俗に言われる「置き勉」状態であるが，これがひどい。教科書や教材とともに，ありとあらゆる教科のプリント類が一緒に突っ込まれている。時系列も関係なし，教科の区別もない，もちろん前回の定期テストの範囲か今回のものかの区別も付かない。

K君は，「これ，いらん」「これもいらん」と景気よくゴミの山をつくっていく。「本当にいらんやつか」との教科担当者の声かけを無視し，そしてゴミ箱へドサッ。

K君に刺激されて，同じようにプリントの整理を始めたN君も同じようにゴミ箱にドサッとプリントを捨てにかかる。そのときN君は先に捨てたK君のプリントの山の一角を見つめて，「これ，『情報』のテストに出るプリントや！」。N君が拾い上げるや否や，K君「ちょっと待て，それ俺のプリントやろ。返せって！」教室を追いかけ合う2人。とうとうN君は捕まって，事なきに見えたが……，取り返したK君「何や，これ『英語』のプリントやん。『情報』のテスト出るやつと違うで。いらんわ」。やっと幕は閉じられた！　数分間のあの怒号と異常な興奮は何だったのか。

何の成果も上がらぬプリント争奪戦はこれ1回ではない。また懲りずに繰り返される。しかし，そんな2人の取り柄は，元気で礼儀正しいこと。使い方がおかしいときもあるものの敬語も積極的に使う。これはクラブ活動とアルバイトで養われたスキルだ。

U君は，日本史の毎回のテストでは90点を下回ったことがない。だが，授業中は超問題児だ。前後左右の友人を巻き込んでの止まることを知らぬおしゃべり。得意な分野では流れなんぞはお構いなしに「それ知ってる！　○○やろ。△□が○○をしたんやろ」。こちらが考える授業展開や生徒みんなが考える時間の設定なんて彼にとっては関係ない。それでいて無視して授業を進めると，「なあ，『しかと』。無視すんのんか」と絡んでくる。一筋縄ではいかない。きっとこの話は関心があるであろうと，こちらが気を利かせて声かけをしても，気が授業に向いていないときは驚くぐらいの無反応。それでいて数分後に，「それ○×やろ」と。「もうそれは先ほど説明しましたよ。U君」「あっ！　そうナン」。こんなことが繰り返される。そんなU君が少し落ち着いてできた時期があった。クラスの仲間が留年するかもしれな

いという状況下，担任から席を指定されたことがあった。最後列の席で，前と左右の席をあけて他の生徒とも距離をおいて学習に取り組んだ。私語の数も減り，同じクラスの同じようなタイプの生徒も距離感が見え認識できたことで一定のセルフ・コントロールが働き，短い期間であったが落ち着いて学習できた。

　彼らは，強い刺激に反応し合う傾向が強い。ゆえにクラスに3～4人いると相乗効果で刺激が刺激を生んで増幅し合い，収拾が付かなくなってしまうことも少なくない。

　進学，就職どちらにしろ，次の生活をと考えた場合，彼らが一番心配である。多動，多弁，落ち着きのなさ，整理整頓ができない，衝動性や限界をオーバーフローしたときの「切れ」など，どれをとっても新たな人間関係の構築やさまざまな作業の処理で大きな壁にぶつかる可能性がある。

(3)　お気に入りの彼女の体操服を着てきたG君

　G君は入学当初より，どちらかというと人とのコミュニケーションが苦手な生徒。しかし，そのことを苦にするようなこともなく，いじめられるというようなことはなかった。自分の世界を大切にしながら生活しているという感じが強く，授業やHRなどでの感想文を書かせると，ときどき「私は神に選ばれた人間だからみんなには理解できない」的な文章を書くので気がかりではあったが，ユニークな存在と周りは寛容にとらえていた。

　事件が起こったのは3年生の秋，学年の球技大会のときだ。彼は開会式に同じクラスのSさんの体操服を着て集合。ネーム入りゆえ，それほど時間をかけずSさんの友人がそれを発見。盗難事件として彼は本校の生活指導部で取り調べられた。簡単に事件の概要を説明すれば，こうである。数週間前に教室に置いてあったSさんの体操服を盗み持って帰った。Sさんは彼の一番のお気に入り。はじめは，家で着て楽しんでいたが，徐々にエスカレートし，自宅に友人が来たときに見せたりもした。その友人は，G君は罪悪感をもっていないように感じたと後に証言した。そして，我慢できずに球技大会の日，学校に持ってきて，着用してしまった。そんなものを着ていたら見つかるであろうことは彼自身予測していたと言う。停学処分となったが，謹慎中の態度も良好で，まじめに反省文も書き，教室に復帰，その後も欠席などもなく，元気に卒業していった。

　G君は児童相談所でカウンセリングを受け，アスペルガー症候群と診断。継続してのカウンセリングなどを勧められた。卒業後，カウンセリングを引き続き受けたかは明らかではない。問題発生以前に学校斡旋で内定をもらっていた就職先，地元の金属加工の中堅企業からは，翌年，離職したとの報告を受けた。

　特にアスペルガー症候群などの広汎性発達障害の生徒たちは，こだわりの強さという点ではなかなか手ごわい。さらに他者の発した婉曲な言い回しや少し込み入った表現の理解，自らのこのような表現を不得意とする。それによる生徒間や対教師とのトラブルは極めて多い。

3　彼らの進路実現はどうなったか

(1)　本校の進路指導

　はじめに書いたように，本校はごくごく普通の普通高校である。進路先を見れば進学が約65％で，内4年制大学が約25％，短大が約20％，専門学校が約55％である。一方就職は近年の不況の影響から希望者は増加するものの学校斡旋での就職の道は険しい。最終的には約20％が学校斡旋で就職する（いずれも2009年度統計）。なお，年度により，というよりも景気の動向によって就職が30％位になるときがある。

　本校の進路指導では，学期1～2回の「総合」の時間を使ってのキャリアガイダンスに取り組んでいる。適性検査や進学・就職に分かれてのガイダンスなど，1年時より計画的に行われている。生徒による職場体験も取り組まれた年もあったが定着は見ていない。また，就職を希望する生徒に対しては放課後や夏期休業時などを利用して「就職説明会」と題してのセミナーが8回行われ，模擬面接も通常2回（希望すればそれ以上）行われている。しかし，LD，ADHD，アスペルガー症候群等の障害を抱える生徒への特別の支援，キャリアガイダンスという点では，有効な手立ては打てていないのが実情である。かろうじてできていることと言えば，日常からの声かけ，基本的生活習慣の定着のための指導，そして「追加の面接指導」くらいであろうか。

(2)　B君やN君たちはどんな進路を選んだか

　さて，冒頭に紹介した生徒たちは，卒業後にどんな進路を実現したのか。

　白地図作業で四苦八苦していたB君は，いま大阪の中堅スーパーに勤める。担任団はどちらかというとコミュニケーション能力に劣るB君は，製造職の方がいいのではと勧めたが，本人の強い意思でスーパーという接客業を選んだ。

　プリント争奪戦を繰り広げたK君とN君はともに製造職への道を選んだ。

　K君は地元の金属メッキの企業へ就職した。約1年が過ぎようとした頃，不況の煽りから週に3休という日が続き，給料も減額になる中，少々転職への揺らぎは出たが，今も商品の検査や倉庫での物流業務をこなし，引き続き勤務している。先日企業訪問した際，人事担当の部長は「K君，元気にやっていますよ。注意してもなかなか改善できない自然児ですが（笑い）」と語ってくれた。「自然児」の一言に，「発展途上」の彼を全て語り尽していると感じる。K君本人はこう語る。「かたづけとかは，不得意やけど，しっかりメモを取って間違いがないようにしている。おおきな失敗なんてないよ。続けて頑張るわ」と。社員研修の中でメモを取ることを教わって，今は日常的にそうしているようだ。

一方，N君は，持ち前の元気さで面接も乗り越え，長年，本校との付き合いのある紙器メーカーに就職。しかし，1年目から何度か連絡もせず「出社拒否」を繰り返し，そのつど本校教職員や友人たちをも巻き込んでの大捜査大会が繰り広げられたが，結局自己退職してしまった。退職の理由を聞くと「直属の上司が話もしてくれなく，仕事を押し付けてくる，それが辛くて辞めた」「他の部署の人とか，社長も専務もいい人だっただけに残念。いろんな人に相談して1年は頑張ったが，アカンかった」「いやな思いして，切れそうになったこともあったけど上の人に，我慢，我慢と言われ，耐えた。切れたことは1回もないで」と。就職したことによってN君が学んだことは多い。しかし社会的責任を充分に理解するまでには時間がかかる。高校生活の中でも，自分としては頑張り，充分な役割を果たしていると思い込んでいるが，周りの評価はそれほど高くないということが，少なからずあった。就職先でもこのようなことがあったのではないか。退職の原因を直属の上司に求めて自分の中で安定材料にしている節がある。自己を客観視することは彼には厳しい。N君は現在，大手の物流関連企業で配送品の仕分けなどを行うアルバイトに精を出している。仕事は辛いが同年代のアルバイトも多く，仲間感覚がうれしいと言う。当分この仕事は続きそうだ。

おしゃべりが止まらなかったU君は，本校の隣の行政区にある熱処理工場で昼夜の交替勤務に励む。高熱の過酷な作業はあるものの，賃金面など労働条件も比較的よく本人もいち早く職場になじんだ。また職場に，本校の先輩が多くおり，彼らに支えてもらえたことも彼にとっては大きな力となっている。

クラスメートの体操服を窃盗してしまったG君は，勤務先になかなかなじめず無断欠勤を繰り返した。人事担当者も部署を替えれば変化があるかと考え，2～3の職場を替えたが，一向に仕事の内容を覚えようとしなかったと言う。結果，見るべき成果は上がらず，退職となった。私たちには就職先の人事部長は多くを語らないが，退職勧奨があったことは類推できる。

LD，ADHD，アスペルガー症候群などの広汎性発達障害を抱える生徒には，卒業後もあと少し社会に出るための訓練の場を，できることなら大学等の進学をと考えるが，本校の場合は家庭の事情もあり多くの生徒は卒業後，直接就職するのが現実だ。

(3) 進学をした者は

今日，多くのLD，ADHD，アスペルガー症候群等を抱える生徒が専門学校や短大，4年制大学に入学し，学業を続けている。私たち高校の教員もそのほうが新たなスキルや資格が得られ，彼らの進路実現にとってよりよいと考えるから進学を勧める。

だが，彼らの多くは進学先で入学当初，なかなか友人ができないと悩む。今までの中学，高校への進学と違い，過去を知らない仲間との新たな人間関係づくりの壁にぶつかるのだ。「高校のときはわかってもらえたことが，わかってくれない」と，卒業後のゴールデン・ウィー

ク明けぐらいに必ず高校を訪問しぼやいていく。進学先で相手にどう接したものかとあまりにも躊躇して真意が伝わらないでいる様子や，ずけずけとものを言いすぎて周囲が大きく引いてしまう様子を，高校時代の彼らの生活を振り返ると容易に想像がつく。

4　現実と府の取り組みとの乖離

　大阪府教育委員会は発達障害者支援法（2004年）が施行されたのち，「高等学校におけるLD・ADHD・高機能自閉症等のある生徒の理解と支援のために」（2006年3月発行，2007年3月改訂版）と題した小冊子を作成し全教職員に配布した。残念なことにその中には進路実現への支援についての記述はない。その後2009年，文部科学省のモデル事業の一環として高等学校向けに「明日からの支援に向けて」を発行している。いくつかの事例研究や文部科学省の研究モデル校での取り組みが示されているが，彼らの進路実現をどう切り拓くかのヒントには乏しい。また，大阪府は「ええやん　ちがっても　青年・成人版—広汎性発達障がいの理解のために」を発行している。この中のQ＆Aのコーナーで「仕事はどうしているの？」という項を起こして記述しているが，「自分らしく生きる方法を，一緒に考えていきましょう」としか書かれておらず，具体的なアドバイスには程遠い。

　府教育委員会は，この2年間，「支援教育コーディネーター」育成の研修に力を入れ，各校配置へ向け取り組みを強化してきた。しかし延べ100人が受講するに止まっている。全校配置への道のりは遠い。関係者は「学校間の温度差を感じる。進学校だからといって発達障害を抱える生徒がいないということはないと思うのだが。もう少し関心をもってもらいたい」ともらす。

5　彼らの進路実現に立ちはだかる障壁

(1)　障害を受容できないことで生まれる困難

　末端の障害者福祉に携わる行政マンは彼らの進路実現をどう考えているのか。高校所在の市役所障害福祉課に聞いた。「今日，身体障害者手帳・療育手帳・精神障害者保健福祉手帳の3種類のうちのいずれかの『手帳』を持っていなければ，障害者としての支援は受けられない。LD，ADHD，アスペルガー症候群などの広汎性発達障害というだけで，これら3種類の手帳の交付を受けることは無理だ。療育手帳は知的障害があるということの証明が必要。可能性としてあるのは精神障害者保健福祉手帳の取得だが，この手帳は他の2つに比べても自分や家族の気持ちや社会での対応として厳しい面をもっているだけに，手帳の取得が簡単に進むとは考えにくい。手帳を持たないということになると，就労を含め支援・サービスは限

られる」という答えだった。

　職業紹介を直接行うハローワークでは，基本は3種類の内のいずれかの手帳を持っている者のみが障害者としての特化した支援を受けることができるとしながらも，こう説明した。「手帳を持っていなくても発達障害があることを本人が受容している場合，『障害者センター』などの協力を得て職業評価（適性）や就労先での仕事の適応のためのコーチの派遣等をすることが可能。場合によっては精神障害者保健福祉手帳の取得を勧める場合がある」と。

　現在の法律の下では，本格的支援を受けるためには，障害があるということを自らが受け入れ，3種類の手帳（身体障害者手帳・療育手帳・精神障害者保健福祉手帳）のいずれかを取得することが必須となっていることがよくわかる。だが，障害を受容することは，本人にも家族にも容易なことではない。多くの場合は何よりもまず，「○○障害」という診断が下されるかもしれないという不安から診断を受けない。また，以前に診断を受けていても，障害者に特化した就労の支援の仕組みを，提供される仕事の職種や待遇などが満足できないという理由で利用しない場合が多くある。

（2）　さらに困難な就職先の理解

　就職先に理解を得ることは，きわめて困難である。この数年間の筆者の経験では「手帳」を持たない場合，事前に障害があることを就職先に通告したことはない。現実には就職先には障害を伏せて，生徒本人に対し面接練習などをきめ細かく指導を行い，受験させている。合否結果の報告のとき，就職先から「コミュニケーションが取りづらい」「少し落ち着きがない」などの指摘を受けることはあっても，学校としてはその生徒のよい面を前面にアピールして乗り切っているというのが実情である。

　学校の近所のプラスチック加工業を営む中小企業家を訪ねた。彼は数年前，成績はいいもののコミュニケーション能力に問題のあったM君を引き受けてくれた人物である。筆者のLD，ADHD，アスペルガー症候群等の障害を抱える生徒の説明を聞いた後，こう語ってくれた。「経営者としては，最低賃金の縛りがある中，そのような子を抱えて，その子のペースでやってもらうというのは厳しい。職場内では『ケアして』と言えば，周りの者はやるし，差別やいじめはないと思う」「一番困るのは，職場内で賃金面と生産性のバランスが崩れ，全体に波及することだ」「初めはアルバイトやインターン制のような柔軟な雇用の形態があって，公的な補助がそれに付くような形ならいい」と……。リーマンショック以降，赤字どころか「大出血だった」という経営者としては当然の率直な意見だ。その後も人事担当者を交えて懇談したが，これらの障害についてまとめて話を聞くのは初めてだと言う。ハローワークなどでの講演でも聞いたことはないと言う。後の調査でわかったが，少なくとも高校所在のエリアではハローワークや市が行う，この種の講演会などは開催されていない。ただし，府内では府教育委員会などが事業主への啓蒙のための講演などに取り組んでいると言う。

(3) 困難さを増幅する「溜めのない社会」

　数年前担任をした人懐っこいM君は，片付けのできない，落ち着きのない生徒の代表。彼の机の周りはいつもゴミだらけ，かばんの中はいつ配られたかわからないプリントがクシャクシャ状態。挙句に食べかけのパンのかけら。無断欠席や遅刻，授業中のおしゃべりを繰り返し，そのつど，注意されると返事はよく，改めると決意はするものの，行動が伴わない。結果，1年生半ばで進路変更，退学へ。その後，次々と派遣社員を繰り返した。しかし，メール1本で集合し，どこのどんな仕事かもわからない，「人扱い」されない，名もなく「そこの派遣さん」と呼ばれる状況に我慢できないと辞める。現在はガソリンスタンドとカラオケ店でバイト中だ。「カラオケ店では優秀な店員，遅刻も欠勤もない。みんな，優しいから……。20歳までには定職に必ずつくから」と，明るく語る。何度も「心配やったから電話かけてくれたんか」と確認をしてM君は電話を切った。

　「プリント争奪戦」のN君も現在の職場は「仲間感覚で楽しい」と語った。「おしゃべり」のU君も本校の先輩たちに支えられた。何より彼らには自己の肯定感や安心な居場所が必要であり，その中でなら責任を果たしていけるのである。しかし，今日のような競争，競争で追い立てられる社会のシステム，何の余裕もなく「溜めのない社会」（「派遣村」の湯浅誠さんがよく使う）は彼らの多くを追い詰め，新たな障害やトラブルを作り出してしまう。残念なことに学校や教員や，さらには親までもがこの競争社会に飲み込まれてしまい，彼らを「競争」の渦の中へ駆り立ててしまう場面は多い。

　改めて，今日の若年労働者の非正規労働が当然というような雇用のあり方や，家庭の貧困と子どもの就労・進学の関係を，障害を抱える彼らの進路の問題から考える必要があると痛感させられる。

6　見えてきた新たな課題

(1)　課題1──地域のネットワークの中で考える

　今日の若者の就労支援，たとえばジョブカフェなどの相談型支援や若者自立塾などの共同生活型支援が「点」の支援に止まっており，障害を抱える者への特化した支援もごくごく狭い「点」の取り組みでしかない現実がある。今，求められる支援のあり方は地域の一体性の中，循環しうるネットワークによる支援。障害を抱える者や就労支援を求める者に寄り添う伴走型の支援である。私たちの中であまりに就職にこだわるばかり，就職すれば終わりになっていなかったか。仕事への定着まで引き続き支援できるヨーロッパ型の就労支援スタイル（イギリスでは個人情報追跡データーベースを持ち卒業後，離職後も若者の就労支援や職

業訓練が行われている）が求められる。そのためには行政をはじめとして，さまざまな分野で個人の責任に任せ支援を求めてくるのを待つスタイルから，手を差しのべる「アウトリーチ」のスタイルに転換する必要がある。

　筆者らは，かれこれ十年余りになるが，高校生の雇用確保のための草の根の運動を展開してきた。高校の教員をはじめ，小・中学校の教員，自治体の労働者，民間企業の労働者が参加する「北河内の高校生の雇用を考える会」だ。会は月1回の会合を開き，継続的な地域の雇用創出への研究，政策提言の活動を行っている。充分とは言えないが，学校，市役所やハローワークなどの行政機関，就労先の民間企業を結ぶ有機的なネットワークづくりをしてきた。会での研究の成果は，労働組合が行う対自治体要求に盛り込まれ，一定の成果を上げている。このようなスタイルのネットワークが全国につくられ，国や自治体を動かし，街づくりや市民生活，福祉にいたる分野まで網羅され，「地域力」をもつようになれば，発達障害を抱える子どもたちの進路問題は大きく前進するのではないか。

(2) 課題2―学校で進路を拓く力づくりにヒントは

　近年，ソーシャルスキルトレーニングが高校でも取り組まれている。絵カードを使っての場面設定とその対応訓練も小・中学校の実践として報告されている。厳しい家庭環境，従前にはあった地域共同体での教育力の欠如から考えると，障害のあるなしに関わらず有効な取り組みではないか。

　また，ADHDを抱える子どもたちのように「切れる」場合やなかなか気持ちの切り替えができない子どもには，リラクゼーションを体で覚えるための時間や場所の設定が求められる。その場所に来れば，気持ちが切り替わりトラブルを回避できるという訓練である。

　自閉傾向の強い広汎性発達障害の子どもたちは，自分の感情や気分をうまく表現できずに友人間でよくトラブルを起こす。そんな対策として自分の感情を表す「顔」カード（表情シート）の利用はどうか。日々の感情をいろいろな「顔」イラスト（コメントつき）から選ぶ中で感情をセルフ・コントロールし，表現できるようになるのでは……。以上のような取り組みは，普通科高校でも工夫によって大きな成果を上げることができるし，次の進路を拓く力づくりにつながっていく。

(3) 課題3―手帳取得一辺倒でない支援やサービスの展望は

　前節で書いたように今日，手帳の有無による支援やサービスの差は大きい。しかし，障害を受容し，手帳を取得することによって起こる本人や家族の負担感などは決して少なくない。またそのことによる情緒的なリアクションも考えられ，この方法の限界性は見えている。一方で3種類の手帳を一本化することによって取得のハードルを下げるという考えもあるが，リスクは依然と大きい。

では彼らへの就労などの支援の道はどうすればよいのか。発達診断やカウンセリングの上，本人が「受容」している，していないに関わらず，支援のプログラムの積み重ねを重視する以外に克服の道は見えてこない。その積み重ねの実績に基づいて公的サービスや補助も行うシステムの構築が，今後，求められていると考える。

　具体的には，対象の生徒に対して支援のプログラムを計画的継続的に行っている学校には人的ケアを行うとか，企業では彼らに職業評価や就労のコーチをつけるなど積極的に取り組むところに公的な補助金をつける等である。そのためには学校・企業・公的機関・訓練施設・福祉施設等の地域ごとの連携が重要となってくることは言うまでもない。

おわりに

　現在，青年期の学校教育から社会生活への移行が注目され，問題視されています。というのも，就職氷河期と言われる状況があるとともに，やっと就職したとしても，失業や離職率の高さ，労働条件の悪化など若者の働く環境は非常に厳しい状況にあるからです。

　こうした青年の就労が社会的問題になる背景には，「世界金融危機」以降，日本の経済状況が悪化し，雇用状況は厳しくなり，非正規雇用が増大したことがあげられます。しかし，経済状況の悪化以前にも，「ワーキングプア」や「ネットカフェ難民」の問題が指摘されていました。そこには，本書にも書かれている若者の「社会への出にくさ」，就職しても不安定な状況を続けなければならない若者たちの「生きづらさ」があると考えます。

　ところで，就職をひかえた高等学校における発達障害の生徒や特別支援学校高等部の生徒たちは，どちらかと言えば，人づきあいが苦手で，知識や技能も不足しがちです。そのため，学校現場では，就職へ向けてコミュニケーションスキルや作業スキルの獲得を目指します。すなわち，スキルの獲得を目指して，社会に適応するための「ある程度枠にはめた訓練」の必要性が強調されます。けれども，スキルを獲得して就職しても離職を繰り返すという問題も指摘されています。よって今日，単に社会に適応する力を獲得させるのではなくて，青年期の教育において，若者たちが主体として豊かに生活をつくり出すことが求められています。

　こうしたキャリア形成を支えるものは「人間関係」だと考えます。生活を豊かにする余暇の時間に仲間と関わることの楽しさを味わい，居場所をつくり出すことが求められます。本書では，キャリア形成について授業づくり・学級づくりに焦点化して述べることにしました。その結果，本書では，「人と関係をつくり出す」ことの大切さが述べられ，「つながる」というキーワードが散見されます。執筆された教育現場の先生方は，社会に適応するような「外見」だけを整える教育から距離をとる姿勢を意識的にもって，追究されています。

　「支援マニュアル」や「ハウツー」が書かれた本も確かに有効です。けれども，「自閉症のAさんとBさん」として同じにとらえ，「マニュアル」通りに支援するのではなく，「Aさんの自閉症」，「Bさんの自閉症」というように，実際に関わる先生が一人ひとりの特性をとらえた上で，「個人」とともに「集団」に対して指導する必要があります。本書を読んでくださる先生方がそのためのエッセンスを取り，実践の手がかりとしてくださることを願います。

　最後に，前シリーズとともに，姉妹編全3冊の刊行の機会を与えてくださった株式会社黎明書房および編集部の都築康予さんに，心より感謝申し上げます。

編者を代表して
吉田茂孝

〈編者〉

湯浅恭正	大阪市立大学	（代表編者）
吉田茂孝	高松大学	（副代表編者）
新井英靖	茨城大学	
小川英彦	愛知教育大学	
高橋浩平	東京都杉並区立桃井第一小学校	
広瀬信雄	山梨大学	

〈執筆者〉

湯浅恭正	大阪市立大学	はじめに，第1章
今井理恵	愛知教育大学	第2章
新井英靖	茨城大学	第3章
小畑耕作	和歌山県立紀北支援学校	第4章
藪　一之	愛知県見晴台学園	第5章
藤田隆介	大阪商業大学堺高等学校	第6章
吉田茂孝	高松大学	第7章，おわりに
佐々木鮎美	茨城大学教育学部附属特別支援学校	第8章
飯田光徳	大阪府内高等学校	第9章
千住真理子	大阪府堺市立殿馬場中学校	コラム①
卜部秀二	大阪発達支援センターぽぽろ	コラム②

※所属は刊行時のものです。

本文イラスト・岡崎園子

発達障害児のキャリア形成と授業づくり・学級づくり

2011年3月10日　初版発行

編　者　湯浅恭正他
発行者　武馬久仁裕
印　刷　株式会社　太洋社
製　本　株式会社　太洋社

発　行　所　株式会社　黎明書房

〒460-0002 名古屋市中区丸の内3-6-27　EBSビル
☎052-962-3045　FAX052-951-9065　振替・00880-1-59001
〒101-0051 東京連絡所・千代田区神田神保町1-32-2
南部ビル302号　☎03-3268-3470

落丁本・乱丁本はお取替します。　ISBN978-4-654-01673-0

Ⓒ T. Yuasa, S. Yoshida, H. Arai, H. Ogawa, K. Takahashi & N. Hirose
2011, Printed in Japan

特別支援教育の子ども理解と授業づくり
―授業づくりを「楽しく」始める教師になる

B5／103頁　2200円

高橋浩平他編著／特別支援教育キャリアアップシリーズ①　障害・発達に関する知識と楽しい授業づくりの実践等。特別支援教育に第一歩を踏み出す教師のための本。

特別支援教育の授業を組み立てよう
―授業づくりを「豊かに」構想できる教師になる

B5／100頁　2200円

小川英彦他編著／特別支援教育キャリアアップシリーズ②　授業設計，教材・教具の開発，障害特性を配慮した指導方法等を紹介。中堅教師のさらなる技量アップのための本。

特別支援教育のカリキュラム開発力を養おう
―授業を「深める」ことのできる教師になる

B5／102頁　2200円

湯浅恭正他編著／特別支援教育キャリアアップシリーズ③　特別支援教育を10年以上経験し，カリキュラムの改善と開発を視野に入れて授業づくりを深めたいと思う教師のための本。

特別支援教育の実践力をアップする技とコツ68

四六／160頁　1600円

新井英靖・高橋浩平著　著者が経験から得た，「こだわる子どもの気持ちを揺さぶる」「教師が黒子になる」「最後は教師のひらめき」等，教壇に立つのが楽しくなる技やコツを紹介。

障害特性に応じた指導と自立活動

A5／167頁　2000円

新井英靖・茨城大学教育学部附属特別支援学校編著／新学習指導要領の実践展開①　障害別の自立活動のアセスメントから評価までを詳しく解説し，自立活動の実践ができるよう編集。

障害児の職業教育と作業学習

A5／168頁　2000円

新井英靖・茨城大学教育学部附属特別支援学校編著／新学習指導要領の実践展開②　卒業後の進路にあわせた職業教育や作業学習のあり方，支援方法等を具体的な事例を通して紹介。

大学・高校のLD・AD／HD・高機能自閉症の支援のためのヒント集
―あなたが明日からできること

A5／180頁　2300円

太田正己・小谷裕実編著　普通科高校・大学で，発達障害のある高校生・大学生が直面する学習や生活での困難を解決へ導く方法を詳述。教師・事務職員・親必読の本。

高機能自閉症・アスペルガー障害・ADHD・LDの子のSSTの進め方
―特別支援教育のためのソーシャルスキルトレーニング（SST）

B5／151頁　2600円

田中和代・岩佐亜紀著　生活や学習に不適応を見せ，問題行動をとる子どもに社会性を育てる，ゲームや絵カードを使ったSSTの実際を詳しく紹介。ルールやマナーを学ぶSST／他

自閉症スペクトラムの子どものソーシャルスキルを育てるゲームと遊び
―先生と保護者のためのガイドブック

B5／104頁　2200円

レイチェル・バレケット著　上田勢子訳　家庭，幼稚園，保育園，小学校で行える，人と上手に付き合っていくためのスキルを楽しく身につけるゲームや遊びを紹介。

表示価格は本体価格です。別途消費税がかかります。

自閉症への親の支援
―TEACCH 入門

A5／251頁　3000円

E. ショプラー編著　田川元康監訳　自閉症児・者との生活の中で生じる困難な事態に対処する,親と TEACCH スタッフの連携による実践事例を,その分析・解説とともに紹介。

自閉症児のコミュニケーション形成と授業づくり・学級づくり

B5／107頁　2200円

新井英靖他編　自閉症児の人間関係づくりや社会性,コミュニケーション能力をのばす授業実践を詳述。通常学級に通う自閉症児の支援の仕方,こだわり・パニックの対応方法も紹介。

気になる幼児の保育と遊び・生活づくり

B5／103頁　予価2200円

小川英彦他編　保育所保育指針と幼稚園教育要領に基づき,障害のある幼児の支援の方向性を示す。障害児保育の目標,内容の基本領域に関する実践及び,幼保・小の連携等を紹介。

発達に遅れのある子どもの心おどる土粘土の授業
―徹底的な授業分析を通して

B5／143頁（モノクロ口絵8頁）　2800円

成田孝著　自らの授業の徹底的な分析を通して,造形教育における「土粘土」の有効性を明確にし,教師の支援方法,評価のあり方等を詳述。子どもたちの活動の様子や作品を多数紹介。

障害児をはぐくむ楽しい保育
―子どもの理解と音楽あそび

B5／96頁　2200円

伊藤嘉子・小川英彦著　障害児の保育の目的やカリキュラム等を解説。手話表現を交えながら歌に合わせて行う「表現あそび」他,指導に役立つ音楽あそびを多数紹介。

発達が気になる子どもの保育

B5／104頁　1900円

芸術教育研究所監修　両角美映著／保育のプロはじめの一歩③　「困った子」と思われてしまう子を保育者はどのように支援したらよいのか。実際の園生活の場面を踏まえ具体的に紹介。

特別支援教育の授業づくり46のポイント

A5／124頁　1800円

太田正己著　「教材づくり」「発問の仕方」「学習活動の工夫」等,特別支援教育の授業の専門家として,押さえておきたい46のポイントを解説。

名言と名句に学ぶ障害児の教育と学級づくり・授業づくり

A5／218頁　2400円

太田正己著　障害児教育に携わる教師を励ます近藤益雄など多くの先人の行き方を語るとともに,障害児教育の技術のエッセンスを簡潔な言葉で紹介し,解説する。

特別支援教育のための授業力を高める方法

A5／150頁　1900円

太田正己著　授業力を高めるのに効果的な授業研究の方法や,授業のコンサルテーション,個別の指導計画,自己決定を重視した授業展開などについて詳述。

表示価格は本体価格です。別途消費税がかかります。

障害児のための個別の指導計画・授業案・授業実践の方法 B5／135頁　2500円	太田正己編著／障害児の授業＆学級経営シリーズ①　知的障害児のための「個別の指導計画」を生かした授業づくりの考え方と，養護学校・小学校障害児学級での実践を紹介。
障害児と共につくる楽しい学級活動 B5／139頁　2600円	太田正己編著／障害児の授業＆学級経営シリーズ②　学級びらきから学級じまいまでの「学級活動の1年」，朝の会から帰りの会までの「学級活動の1日」などの具体的な実践を紹介。
授業案作成と授業実践に役立つ特別支援学校の授業づくり基本用語集 A5／116頁　1800円	太田正己著　特別支援教育に取り組む教師が，授業者として理解しておかなければならない基礎・基本を，21の基本用語とその関連事項をもとに，授業案作成の手順に沿って解説。
特別支援教育の授業研究法 －ロマン・プロセス法詳説 A5・上製／272頁　6300円	太田正己著　歴史的・文献的・実践的研究に基づいて，著者独自の授業批評の方法「ロマン・プロセス法」を構築し，その障害児教育の授業改善への有効性を実証。
RP法（ロマン・プロセス・アプローチ）で特別支援教育の授業を効果的に高める A5／128頁　1900円	太田正己編著　授業改善，授業力向上，同僚性の構築をめざして開発された，画期的授業研究法＝RP法による，特別支援学校（学級）での取り組みを詳しく紹介。
特別支援教育に役立つ手づくり教材・教具集 B5／120頁　2400円	太田正己監修　石川県立明和養護学校著／特別支援教育＆遊びシリーズ①　30年の歳月をかけ自作の教材・教具を開発してきた明和養護学校の作品43点を紹介。
改訂版・障がいの重い子のための「ふれあい体操」（CD付） B5／99頁　2400円	丹羽陽一・武井弘幸著／特別支援教育＆遊びシリーズ②　愛情いっぱいのふれあいと歌を通して子どもの身体感覚に働きかけ，身体意識を高める「ふれあい体操」を紹介。
肢体不自由のある子の楽しいイキイキたいそう（CD付） B5／92頁　2400円	金子直由・溝口洋子・北村京子著　園や学校，家庭で，楽しみながら無理なく体を動かせる32の歌をCDと楽譜つきで紹介。動かし方や援助の仕方も解説。動作の内容等の一覧表付き。
学習障害（LD）ってなに？ 四六／174頁　1500円	高野清純・渡辺弥生著　学習障害の原因や特徴，発見・指導の方法，専門機関との関わり方等を，Q&A方式でわかりやすく解説。早期発見と適切な対応のための親と教師の必読書。

表示価格は本体価格です。別途消費税がかかります。